북즐 활용 시리즈 12

편집자를 위한

**출판
수업**

배수원, 이경원 , 이옥란, 이은영 지음

북줄 활용 시리즈 12 ————————————

편집자를 위한 출판수업

펴 낸 날   초판 1쇄 2017년 9월 20일

지 은 이   배수원, 이경원, 이옥란, 이은영
펴 낸 곳   투데이북스
펴 낸 이   이시우
교정·교열   이소영
편집 디자인   박정호
출판등록   2011년 3월 17일 제305-2011-000028 호
주   소   서울특별시 성북구 아리랑로 19길 86(정릉2차 대주피오레)
          상가동 104호
대표전화   070-7136-5700 팩스 02) 6937-1860
홈페이지   http://www.todaybooks.co.kr
전자우편   ec114@hanmail.net

ISBN 978-89-98192-53-2 03010

이 도서의 국립중앙도서관 출판예정도서목록(CIP)은 서지정보유통지원시스템
홈페이지(http://seoji.nl.go.kr)와 국가자료공동목록시스템(http://www.nl.go.
kr/kolisnet)에서 이용하실 수 있습니다.(CIP제어번호: CIP2017022016)

12
북즐
활용 시리즈

편집자를
위한
출판수업

배수원, 이경원, 이옥란, 이은영 지음

투데이북스
TodayBooks

머리말

우리 네 사람은 출판 편집자로 현장에서 오랫동안 일해왔다. 힘들게 만든 책이 독자들의 큰 사랑을 받을 때면 벅차했고 저자와의 갈등에 전전긍긍했으며 기획안을 짜내느라 밤잠을 설치기도 했다. 무수한 좌충우돌이 지금의 우리를 만들었다. 난관을 마주할 때마다 힘이 되어준 것은 함께 일하는 동료, 선배들이었다. 이제 어느덧 우리도 후배를 위해 무엇을 해야 할까 고민하는 선배가 되었다.

우연히도 지금까지 차곡차곡 쌓아온 우리의 노하우를 풀어놓을 기회를 얻었다. 한국출판마케팅연구소에서 펴내는 잡지 『기획회의』에 신입 편집자를 위한 코너를 1년 간 연재하게 된 것이다. 편집자로 첫발을 떼었거나 3년 차 이하의 경력을 가진 이들에게 도움이 되었으면 하는 마음으로 글을 쓰기 시작했고 그 결과물을 엮어 한 권의 책으로 펴내게 되었다.

제1부 〈편집 3년 차, 소통을 위한 제안〉은 길벗어린이 편집부장 이은영이 1~3년 차인 편집자에게 실제적으로 필요한 업무 스킬에 대해 정리한 것이다. 편집 3년 차, 이제 정말 시작이다, 편집의 시작과 끝은 어디인가, 디자이너와의 소통을 위한 제안, 마케터와의 소통을 위한 제안, 이직(移職), 상상을 현실로 만드는 용기가 필요하다, 후배들에게 건네는 다섯 가지 조언 등을 다루었다.

제2부 〈편집장에게 듣는 상대적이고 절대적인 편집 매뉴얼〉은 반니출판사 사업부장 배수원이 들려주는 편집장과의 관계설정이다. 편집장을 위한 변명, 기획을 위한 편집자의 독서법, 우리, 대화 좀 하자고, 나는 늘 저자를 만나러 가는 중이다, 후배 편집자 어떻게, 잘 가르쳐야 할까?, 세상에는 서점의 책 권수만큼 다양한 저자들이 있다 등의 이야기를 담았다.

제3부 〈편집자의 소통과 감각〉은 비전비엔피 전무 이경원이 편집자는 설득과 소통의 달인, 편집자의 일은 도무지 끝이 없다?, 편집장끼리 얘기하는 '괜찮은' 편집자, 편집자의 마케팅 감각은 어떻게 길러야 하나요?, 저자와 편집자 엄청나게 가깝지만 놀라울 만큼 낯선, 조금 특별한 저자와의 책 작업이라는 주제로 편집자의 전반적인 커뮤니케이션에 대해 설명한다.

제4부 〈그 많던 편집자는 다 어디로〉는 SBI 서울출판예비학교의 편집자 반 책임교수 이옥란의 교정원칙과 편집자의 자세에 대한 글이다. 교정은 '과정'이다, 사표 쓰는 법, 외주 교정자와 일하기, 그 많던 편집자는 다 어디로 갔을까, '나와 맞는 출판사'를 찾으시나요?, 입사 이후, 어떤 미래를 꿈꾸어야 할까?를 주제로 다루었다.

책이 나오기까지 도움을 주신 『기획회의』 담당자와 관계자 분들께 진심으로 감사드린다. 그리고 투데이북스의 이시우 대표, 박정호 님, 이소영 님께도 감사드린다.

책을 좋아하는 마음에 출판 길로 접어들었지만 편집의 재미를 미처 느끼기도 전에, 사회생활이라는 거대한 벽과 매출이라는 냉혹한 현실을 맛보고 있는 후배들에게 조금이나마 격려와 자극이 되었으면 하는 마음이다.

2017년 9월
저자 일동

차례

제1부

편집 3년 차, 소통을 위한 제안

이은영

편집 3년 차,
이제 정말 시작이다

오랫동안 편집자로 살아왔지만, 난 요즘도 가끔 '편집자'의 정체성에 대해 생각하곤 한다. 세월이 흐르면서 '편집자의 자질이 있을까'라는 질문에서 '어떤 편집자로 살아야 하는가'라는 질문으로 바뀌긴 했지만, 20년 차가 된 지금도 그놈의 '편집자'에 대한 자문과 고민은 끝이 나지 않는다. 도대체 왜?

매너리즘과 이직의 유혹

고민은 정확히 편집 3년 차가 되던 해부터 시작되었다. 예고도 없이 들이닥친 매너리즘과 이직 유혹, 말 그대로 난 멘붕에 빠졌다. 그도 그럴 것이 편집 3년 차가 되던 그해, 나는 회사에서도 일 잘하는 똑똑한 직원으로 인정받고 있었고, 그것은 내가 당당히 선택한 직업이었고, 무엇보다 나는 책 만드는 일이 너무 즐거운 상태였다.

글을 읽고 쓰는 것만으로도 행복했던 여고 시절을 거쳐 (친구들과 해방과 자유를 외치며 몰래 글을 쓰는 모임 조직), 연애도 글로 하고(연애편지의 달인) 운동도 글로 하던 (전속 대자보 담당) 대학 시절을 보내면서 나의 장래희망은 자연스럽게 '책을 쓰거나 만드는 사람'이 되었다. 한 톨의 고민도 없이 출판사에 이력서를 넣었고, 졸업하기 전에 입사하는 행운을 누렸다(청년들이여, 그때는 이런 일이 꽤 많았다). 딸이 배 쫄쫄 곯는 글쟁이가 될까 봐(아버지 표현) 노심초사했던 아버지에게 수백 통이 넘는 편지와 글을 분서갱유 당하고도 결국 출판사에 입사했으니 나름대로 지조를 지킨 셈이다.

그런데 편집 3년 차, 그 시간은 다가오고 말았다. 그때는 누구도 알려주지 않았던 직딩들의 사춘기, 요즘 말로 치면 커리어 사춘기 말이다. 자신감이 자만이 되고, 선배들에게 점점 내 취향을 주장하기 시작하고, 회사에 슬슬 불만을 표현하기 시작하는 바로 그 질곡의 시기. 나 역시 예외는 아니었다.

다음 항목을 읽고 몇 개 이상 해당된다면 의심하지 말라. 당신은 지금 커리어 사춘기를 겪고 있다.

① 나도 이제 그럴 듯해 보이는 일을 하고 싶다. 가령 기획서를 쓴다거나, 저자를 발굴하는 등.

② 상사의 조언이 잔소리로 느껴진다. 나도 이제 알 건 다 아는데, 왜 신입 취급이야!

③ 회사의 시스템이나 경영에 대한 불만을 자주 토로한다.

④ 일이 패턴화되어 습관처럼 진행된다. 제자리를 빙빙 도는 느낌이랄까.

⑤ 이직의 유혹을 느낀다. 나도 이제 원하는 분야의 책을 만들고 싶다.

나는 위 항목 다섯 가지 모두 해당되었다. 시키는 일 말고 창의적인 아이디어를 마구 내면서 멋진 책을 기획하고 싶은 욕구가 강해졌다. 어렴풋하게 내가 만들고 싶은 책에 대한 이런 저런 상상도 커져만 갔다. 그러다보니 당연히 상사의 조언은 잔소리로 느껴졌다. 상사가 일을 시키면 내 시간을 뺏는 것만 같았다. 대충 팀이 어떻게 돌아가는지, 회사 전체가 어떻게 돌아가는지 그 알고리즘을 다 알고 있다는 착각에 빠졌었던 것 같다. 세상 무서울 것 없는 당돌한 3년 차가 된 것이다.

만약 그 시기가, 이제야 간신히 편집자로서 제대로 된 첫

발을 내딛는 시기라는 걸 알았더라면, 열정보다 교만이 커져 버린 시기였다는 걸 누군가 알려주었다면 나는 다른 선택을 했을까. 그렇다면 난 지금 어떤 편집자가 되어 있을까.

편집 3년 차의 사표

그 시기를 견디지 못하고 난 3년 6개월 만에 첫 직장에 과감히 사표를 던졌다. 내 자신에 대한 점검이나 미래에 대한 확실한 계획을 세우지 않은 상태였다. 얼마나 무모하면서 용감무쌍했는지. 지금은 그 3년 6개월이란 시간이 내 출판 인생의 본격적인 시작을 위한 예열 기간이었다는 걸 너무 잘 알고 있다. 그 시간은 닥치는 대로 일을 배우기에도 모자란 시간이었지, 내가 무언가를 잘 해냈다는 걸 증명할 수 있는 시간이 아니었다. 하지만 그땐 뭔가 있어 보이는 책을 만들고 싶은 욕구와 3년 차 매너리즘에서 벗어나야겠다는 생각이 나를 지배하고 있었던 것 같다.

어쨌거나 난 그간 쌓고 인정받은 실력으로 내가 원하는 곳 어디에서든 다시 시작할 수 있을 거라 생각했다. 배울 만큼 배웠다고 생각했고, 내가 만들고 싶은 책은 문제없이 만들 수 있다고 생각했다.

사표를 내는 순간까지 자신만만했던 나는 사표를 냄과 동시에 열정과 패기만 가득한 신입의 딱지를 떼어낸 것에 대해 자축했다. 하지만 누구나 예상하듯, 현실은 냉정했다. 신입 딱지를 떼어낸 대신 일로만 평가받아야 하는 '3년 차' 딱지가 붙어 있었기 때문이다! 면접을 보는 곳마다 나의 열정과 패기보다는 3년 동안 내가 펴낸 책과 책을 만드는 과정에 대한 평가에 비중을 두었다. 내가 무엇을 원하는지는 중요하지 않았다. 객관적으로 나를 증명하는 것들만 나의 실력으로 인정되었다.

난 결국 분야를 바꾸지 못하고 다시 비슷한 책을 만드는 큰 출판사의 시스템 속으로 들어가야 했다. 그곳에서 다시 3년이 넘는 시간을 보내면서 준비를 한 뒤에야 비로소 내가 만들고 싶었던 단행본 출판사로 자리를 옮길 수 있었다. 그제야 알게 된 것이다. 편집 3년 차는 스스로 선택을 할 수 있는 시점이 아니라 출발점에 선 시점이란 사실을.

당신은 어떤 편집자가 될 것인가

그렇다. 편집 3년 차는 바로 자신에게 편집자의 정체성을 진지하게 묻는 것으로부터 다시 시작해야 한다. 그것은 곧 나는 앞으로 '어떤' 편집자가 될 것이냐에 대한 답을 찾기 시작해야 한다는 뜻이다. 그때의 결정이 또다시 3년 후의 나를 결정할 것이다. 일 잘하는 6년 차, 만들고 싶은 책을 만드는 6년 차 말이다. 누구나 치러야 할 통과의례처럼 그 고비를 넘겨야 한다. 치를 것을 치러야 다음 단계로 넘어설 수 있다. 특히 책을 만드는 사람이라면 이 통과의례를 '이직'으로 단순하게 처리해서는 안 된다. 그렇다면 3년 뒤 반드시 똑같은 사춘기를 겪게 될 것이다.

누군가가 당신에게 '편집자란 어떤 일을 하는 사람인가'라는 질문을 던졌을 때 망설임 없이 답할 수 있는가 '당신은 어떤 책을 만들고 싶은가', '왜 그 책을 만들고 싶은가?'라는 질문에 대해 일목요연하게 답할 수 있는가? 그 질문에 대한 답을 찾아야만 이후 자신의 거취를 결정할 수 있다. 이때, 자신의 생각만으로 자기 자신을 평가해서는 안 된다. 우리는 누구보다 스스로에게 가장 관대하기 때문이다. 가능한 한 객관적인 요소들로 스스로를 판단을 해야 한다. 예를 들어, 상사의 지시 아래 펴낸 책을 혼자 만든 것으로 착각하면 안 된다. 외국도서를 번역 출간하고 스스로 기획하고 편집한 책이라고 착각해서도 안 된다. 스스로 잘 들여다보면 알 것이다. 나의 실력이 어느 정도이며, 나는 지금 어디쯤 서 있는지 말이다.

만약 질문에 대한 답을 찾았다면, 그 다음엔 그것을 해내기 위한 준비를 해야 한다. 준비의 시작은 원하는 것을 제대로 파악하는 일이다. 특히 분야를 옮겨 책을 만들고 싶다면 내가 원하는 분야에 대한 시장 분석과 책의 동향 파악은 기본이다.

내가 원하는 것을 할 준비가 되었는가

난 3~4년 차 편집자들을 면접 볼 때 다음과 같은 질문을 던진다. "편집자란 어떤 일을 하는 사람일까요?" 편집자의 정체성에 대해 생각해 보지 않은 친구들은 적잖이 당황한다. 자신이 욕망하는 편집자 상을 이야기하거나 자기의 경험을 중심으로 편집자에 대한 나름대로의 정의를 내린다면 일단 합격이다.

"어떤 책을 만들고 싶은가"라는 질문을 던졌을 때는 좀 쉽다. 그것이 입사하고 싶은 이유인 경우가 많기 때문이다.

그런데 그 다음이 문제이다. 어떤 책을 만들고 싶은지 자신 있게 대답하면서도 그 분야의 책들의 정보에 대해서는 무지한 경우가 너무 많다. 그림책을 만들고 싶다면서 좋아하는 그림책 작가의 이름과 작품과 그 이유조차 말하지 못하다니! 적어도 그림책을 만들고 싶다면, 그림책의 열혈 독자가 아니더라도 어떤 그림책들이 시중에서 좋은 반응을 얻고 있는지, 그 이유가 무엇인지 정도는 파악하고 있어야 한다. 이런 분석이 되어 있지 않으면 당연히 다음 질문에 대한 대답도 할 수 없다. "이곳에 입사하면 어떤 책을 만들고 싶나요?" 내가 무엇을 좋아하고, 무엇을 원하는지 모르는데 어떻게 내가 하고 싶은 일에 대한 대답을 할 수 있겠는가.

만약 만들고 싶은 책에 대해 막연하고 이상적인 대답을 하는 경우라면 더 생각할 필요 없이 입사 대상자에서 제외시킨다. 편집자로서 욕망할 수는 있지만, 일은 3년 차 편집자로서 당장 해나가야 하는 것이기 때문이다.

물론 이 모든 질문을 통과하여 입사한 편집자들과도 막상 일을 해보면 실망을 하는 경우가 많다. 특히 경력소개서는 100% 믿어서는 안 된다는 게 솔직한 심정이다. 자기 스스로를 객관적으로 들여다볼 줄 알아야 한다는 것이 바로 이 때문이다. 그간의 경력이 화려하고, 출간한 도서 리스트가 많아야 좋은 게 아니다. 정확히 어떤 일을 어느 정도 능력으로 해낼 수 있는지 서로 알아야 한다. 그래야 본인은 앞으로의 발전을 꾀하며 비전을 세울 수 있고, 부서의 상사 입장에서는 미래를 계획할 수 있다. 나 역시 경력을 믿고 일을 시켰다가 사고가 터져 낭패를 겪은 적이 한두 번이 아니다.

그래서 커리어 사춘기의 정점에 선 편집 3년 차의 소개서
는 더 면밀하게 살펴본다. 책임자 입장에서는 모든 책을 자
신이 혼자 만든 것처럼 말하고 무슨 일이든 할 수 있다고 장
담하는 경우 가장 신중하고 깊은 고민에 빠진다.

편집자로 오래 살아남기 위하여

그럼에도 불구하고 노력만 하면 얼마든지 자신의 실력을
인정받을 수 있는 곳이 바로 출판계이기도 하다. 어느 분야
나 마찬가지겠지만, 한 분야에서 뜻하는 바를 이루려면 끈
기와 깊은 성찰이 필요하다. 출판계에 입문하는 신입 편집자
들에게 '노력'과 '열정'을 이야기하지만, 편집 3년 차에게 나
는 '실력'과 더불어 편집자에 대한 '성찰'을 요구하고 싶다. 이
시기에 이런 준비가 되어 있지 않으면 안팎으로 끊임없는 온
갖 유혹에 흔들릴 것이다. 가뜩이나 만년 불황에 휩싸여 있
는 산업이 출판 아니던가. 우리나라에서 편집자의 위상은
또 어떠한가.

변하지 않는 중심이 서야 오래 책 만드는 일을 할 수 있다.
나는 사람의 영혼을 고양시키는 최고의 매체가 책이라고 생
각한다. 또한 책을 만드는 일이 '통섭'하는 삶을 유지하는,

몇 안 되는 직업 중 하나라고 생각한다. 그것은 내가 가장 행복하게 살아갈 수 있는 사유의 방식이자 삶의 방식이다. 책을 만드는 일은 그래서 아직도 즐거운 현재진행형이다.

편집 3년 차, 여러분은 이제 출발점에 섰다. 앞으로 계속 편집자로 살아갈 것인지, 그렇다면 '어떤' 편집자로 '어떤' 책을 만들며 살아갈 것인지 고민하시기 바란다. 많은 사람들의 숨겨진 영혼을 탐닉하며 세상에 선보이는 그 숭고한 일을 당신들은 하게 될 것이다. 다 아시겠지만, 시작이 반이다.

편집의
시작과 끝은
어디인가

출판밥을 먹은 세월이 오래다보니 심심찮게 후배들의 고민을 듣고 상담을 해주는 경우가 많다. 실무와 관련한 대부분의 질문에는 어렵지 않게 답을 해주지만, 가끔씩 내 자신도 생각의 함정에 빠져 답을 놓치는 질문이 있다. 바로 '책을 만들 때 편집자는 어디까지 책임을 지고 일을 해야 하는가'에 대한 질문이다. 한 권의 책을 만든다는 것, 대체 시작은 어디이며 끝은 어디일까.

치열한 경쟁에 내몰린 편집자들

출판사마다 차이는 있겠지만, 통상 편집 3년 차가 되면 책임편집을 맡게 된다. 책임 편집자는 출간이 결정된 도서의 원고를 받는 것을 시작으로 제작을 넘기는 순간까지 편집의 전 과정을 책임진다. 제작 전후로 보도자료를 완성하면 책임 편집자로서의 업무는 끝이 난다. 이 시기에는 한 권 한 권의 필모그래피를 쌓는 것이 그렇게 보람차고 즐거울 수가 없다.

평균적으로 편집 5년 차 정도가 되면 비로소 본격적인 출판기획서를 쓰게 되는데, 이 시점부터 편집자의 역할은 기하급수적으로 늘어난다. 또한 편집자들의 고민은 본격적으로 깊어진다. 요구되는 능력과 역할의 범위가 천차만별로 넓어지기 때문이다.

요즘 편집자를 지칭하는 말로 '출판 PD'라는 말을 들어본 적이 있을 것이다. 교정 교열과 제작의 역할에 충실했던 실무 편집자나 책임 편집자들의 역할에서 한발 더 나아가 기획력과 연출력, 마케팅 능력, 홍보력 등 보다 전문적인 능력을 갖춘 출판 전문 프로듀서를 일컫는 말이다. 5년 차를 넘길 즈음이면, 이제 편집자는 출판 PD로서의 역할을 해야 한다. 좀 더 매력적으로 독자를 사로잡을 수 있는 제목을 생각해야 하고, 경쟁도서에 대한 구체적인 분석 및 손익분기점을 고민해야 한다. 보도자료는 언론사와 서점 홍보를 넘어 다양한 층위의 독자들을 대상으로 다양하게 변주되어야 하며, 이벤트나 각종 저자 강연회를 위한 기본 콘텐츠와 구성까지 해내야 한다.

말이 쉽지, 막상 이 모든 일을 해내는 것은 그야말로 치열한 전투와 같다. 시중에 출간되어 있는, 편집자들을 위한 지침서를 읽어보면 편집자의 역할은 거의 슈퍼맨급이다. 편집 실무 과정에서 이미 전문적인 편집 지식은 물론 현장 경험으로만 터득할 수 있는 다양한 능력까지 요구되고 있는데도 말이다. 어디 그뿐인가. 편집자들은 태초부터 그래왔던 것처럼 책 만드는 일에 기쁨과 보람을 느껴야 하고, 책을 통한 문화적 가치의 실현과 창출이라는 본질적인 책임을 늘 잊지 않아야 한다. "아, 보람 따위 됐으니 야근 수당이나 주세요!"라는 말 한 번 시원하게 꺼내보지 못하는 현실. 그러다보니 편집자에게 주어지는 업무의 양은 점점 더 늘어나고 있다. 편집자는 편집을 뺀 거의 모든 업무를 담당한다는 자조적인 이야기까지 나오는 실정이다.

그렇다면 어떻게 해야 하는가? 우리는 모두 슈퍼맨이 되거나, 출판 PD 되기 과외를 받거나, 밤을 새워가며 죽도록 일만 해야 하는 걸까?

도서마다 '시작'과 '끝'의 범위를 정하라

편집자의 역할이 시대에 따라 변화, 발전해야 하는 것은 거부할 수 없는 현실이다. 정보의 생산과 소비의 양이 따라

잡을 수 없을 정도로 빠르게 늘어나고, 콘텐츠를 담아내는 매체는 빠르게 변하고 있으니 말이다. 그러므로 편집자는 시대에 맞게 콘텐츠를 다루는 저자를 적극적으로 발견해야 하고, 독자들의 눈높이에 맞는 표현 형식을 고민해야 하며, 다양한 매체들과 어떻게 협력할 수 있을지 고민해야 한다. 그렇지 않으면 앞으로 편집자의 미래는 불투명할 수밖에 없다.

그렇다면 이 수많은 일들을 어떻게 해낼 수 있을까? 과연 편집자는 도서의 기획부터 홍보에 이르기까지의 과정을 완벽하게 컨트롤할 수 있을까? 기획의도에 딱 맞는 필자 찾기, '잘' 쓰인 원고 받기, 삽화와 디자인 조율, 자신이 생각한 형식대로 책 만들기, 시장 조사, 타깃 독자를 대상으로 하는 다양한 홍보 활동, 독자들로부터 열렬한 사랑 받기, 이 모든 과정을 말이다.

책마다 지니고 있는 나름대로의 특성 때문에 어떤 책도 정해진 규칙에 의해 기계적으로 만들어지지 않는다. 그렇기 때문에 책을 출간할 때까지 전 과정을 컨트롤하는 일은 좀처럼 내성이 붙기 힘들다. 이럴 때는 도서별로 편집의 '시작'과 '끝'의 범위를 정하는 것이 큰 도움이 된다. 스스로도 출간될 도서의 규모를 가늠해 볼 수 있다.

좁게 보면 원고를 받아 편집 과정을 거쳐 제작에 들어가는 시점까지를 편집 업무라고 생각할 수 있다. 그러나 앞서 이야기했듯이 넓게는 기획부터 편집, 마케팅, 홍보에 이르기까지 편집자가 담당할 수 있는 업무의 범위는 사실상 무한대이다. 편집자의 마인드와 능력치에 따라 편집 업무는 최소한일 수도, 최대한일 수도 있다는 이야기이다.

사례 A를 통해 바라본 편집의 시작과 끝

그림책 작업에 대한 사례를 하나 들어보겠다. A 그림책은 프랑스의 떠오르는 신예 작가의 작품이었다. 나름대로 정성스럽게 책을 만들어 출간했지만 시간이 지나도 크게 반응이 돌아오지 않았다. 무엇이 문제인지 심각하게 고민을 했다. 일단 주변의 반응은 좋았다. 책의 완성도를 여러 면에서 평가했을 때도 뒤떨어지지 않았다. 책에 문제가 없다면, 그 나머지가 문제라는 생각이 들었다. 프랑스에서는 각광받는 작가였지만, 우리나라에서는 첫 책이라는 사실을 너무 대수롭지 않게 여긴 것이라는 결론에 다다랐다.

당시 내가 세웠던 대책은 크게 두 가지였다. 우선 같은 작가의 작품을 더 출간하여 시리즈를 만들고 마니아층을 형성해야 한다는 것과 작가의 작품과 작업 방식에 대해 집중적으로 홍보를 해야 한다는 것이었다. 그 뒤로 수상을 한 작품을 두 번째로 출간하고 실험적인 작가관을 보여줄 수 있는 다른 작품을 추가로 계약하여 출간했다. 더불어 작가의 작품이 아직 생소한 국내 독자들을 위해 그림책의 말미에 작품 해설(부모님께 드리는 글)을 실어 작품의 이해를 도왔다(모든 그림책에 작품 해설을 넣는 것이 좋다는 것은 절대 아니다).

때마침 한 기업체의 후원으로 그림책 전시회가 열리게 되었는데, 이 작가의 작품이 전시 목록에 포함되었다(작품성을 다시 한번 인정받았다는 것을 의미한다). 그런데 전시할 그림책 중 몇 권을 골라 원화를 직접 들여와 함께 전시한다는 소식이 들려왔다. 난 당장 그 일을 진행하고 있는 그림책 디렉터를 통해 도서의 마케팅 계획서를 작성하여 보냈다. 마케팅 계획서 안에는 작가의 독특한 작업 방식을 부각시키는 콘셉트의 홍보 계획과 더불어 전시 기획안이 포함되어 있었다. 그것이 받아들여져 작품을 국내에 들여오기로 했다. 나중엔 에이전시 대표가 그 작품에 반해 아예 작품 몇 점을 장기간 임대하여 몇 번의 전시회를 더 진행하기도 했다. 그것이 기반이 되어 국내에서 그 작가의 인지도는 높아지게 되었고, 이후의 책들은 꽤 안정적으로 판매되었다.

그때는 그 일로 편집자가 할 수 있는 것 이상을 해냈다는 자부심이 있었다. 그런데 지금 생각해보면 거기서 멈출 일이 아니었다. 한 작가의 작품을 네 권이나 출간하면서 작업의 끝이 너무 짧았다. 마치 애니메이션을 보는 것처럼 재기가 넘쳤던 작가의 홈페이지를 한국어 버전으로 열었다면 어땠을까. 그중 일부를 북트레일러로 만들어 홍보했으면 어땠을까. 다른 기관과 연계하여 저자를 초청할 수 있었다면 어땠을까. 재활용품을 활용하여 작품이 만들어지는 과정을 담아 작가 노트를 만들었으면 어땠을까 등등. 책을 내는 데서 그치지 않고 작가의 작품 세계를 알리고 작품을 다각도로 볼 수 있도록 외연을 확장했더라면 아마 지금보다 몇 배 더 많은 독자들의 사랑을 받고 있을 것이다.

편집 경력이란 그런 것이다. 세월이 훌쩍 지나서 생각해보니, 지금 그 그림책을 다시 만든다면 분명 시작과 끝은 확연히 달랐을 거라고 생각한다.

사례 B를 통해 바라본 편집의 시작과 끝

다른 사례를 하나 더 들어보겠다. 청소년을 대상으로 하는 환경 개념 사전을 만들 때의 일이다. 이 도서는 기획 단계부터 편집진과 저자가 함께 환경용어 각각의 의미와 유기적인 관계를 토론하고 목차를 짜는 일로부터 시작했다. 도서의 기획부터 편집까지 오랜 시간을 들여 작업이 끝나갈 즈음, 편집부에서는 콘텐츠를 기반으로 실행 가능한 프로모션 계획을 세웠다.

1차 프로모션 콘셉트는 '175개의 환경 키워드로 보는 국내 유일의 청소년용 개념사전'으로 잡았다. 일단 책을 중심으로 한 인터넷 홍보에 집중하기로 한 것이다. 서점별 이벤트명은 '지구에 그린라이트를 켜는 개념 있는 청소년이 되자'로 뽑았다. 업체로부터 친환경 물품을 지원받아 독자 사은품을 마련하고, 동시에 추천사를 쓴 오피니언 리더들을 중심으로 서평단을 운영하면서 환경 관련 단체 홍보, 타깃 메일링, 저자 강연회 진행 계획을 세웠다. 보통은 1차 프로모션에서 끝나지만, 이 도서의 경우는 개인적으로 오래 공을 들였던지라 2차 프로모션 계획까지 잡았다.

2차 프로모션 콘셉트는 '개념 있는 청소년을 위한 환경 토론 필독서'로 잡았다. 책의 확장을 염두에 둔 콘셉트였다. 2차 프로모션을 위해 사북과 분당의 청소년 토론 동아리 두 곳을 섭외하여 독서 토론을 진행하고 그 과정을 취재한 뒤 인터뷰까지 진행했다. 이 내용을 묶어 '환경 토론 노트'를 만들어 2차 독자 사은품으로 배포하였다. 서점 이벤트명은 '얘

들아! 환경 개념 사전 읽고 독서토론 하자!'로 뽑았다. 이 도서와 유사한 환경 도서와 묶어 '환경 도서 브랜드전'을 열기 위한 준비도 따로 해두었다.

이 책을 만들면서 필자가 만났을 사람들을 상상해보기 바란다. 편집의 시작부터 끝까지, 편집자로서 몇 명의 사람들과 만나 어떤 내용의 이야기를 나누었을지 말이다.

기획과 편집과 마케팅의 분절적 사고를 통합하라

위의 두 가지 사례를 보면서 아마 공통점으로 느낀 것이 있을 것이다. 편집의 시작도 그렇지만 편집의 끝은 결코 책을 인쇄소로 넘기는 시점이 아니라는 것이다. 편집자들이 특히 약한 부분이며, 염두에 두어야 할 부분이기도 하다.

이렇게 기획부터 홍보와 마케팅으로 이어지는 일련의 과정은 따로 나누어 이루어지지 않는다. 일의 시작과 끝을 정하되, 이 모든 과정을 통합하여 생각해야 한다. 책 한 권 만드는 데 뭐 그렇게 많은 것을 해야 하냐고, 책만 잘 만들면 되는 거 아니냐고 말하고 싶은 편집자들이 있다면 그들에게 묻고 싶다. '잘' 만든 책의 기준이 무엇인지.

물론 마케팅 영역을 편집자들이 모두 담당할 수는 없다. 하지만 책을 편집한 사람으로서 콘텐츠를 기반으로 한 마케팅 안은 얼마든지 제시할 수 있다. 어떤 책의 마케팅도 책의 콘셉트를 무시하고 진행될 수는 없다. 가끔 책의 내용과 전혀 관계없는 물품들을 사은품으로 주는 이벤트를 보기도 하지만, 책을 대중에게 알리는 데에는 거의 아무런 도움이 되지 않는다. 배보다 배꼽이 더 큰, 사은품 대잔치에서 끝나는 경우가 허다하다. 반대로 책의 내용과 자연스럽게 연결된 콘셉트의 이벤트는 독자들의 뇌리에 강하게 남는 경우가 많다. 책을 읽는 독자들은 콘텐츠를 기반으로 한, 의미 있고 특별한 경험에 기꺼이 자신의 비용을 지불한다.

기획이 아무리 좋아도, 내용이 아무리 좋아도, 디자인이 아무리 좋아도 독자들의 선택을 받지 못한 책을 '잘 만들었다'라고 이야기하긴 힘들다. 그건 편집자들의 자기만족에 불과하다. 자기가 만든 책에 자신이 있다면 더더욱 홍보와 마케팅에 철저해야 한다. 결국 시장에서 오래 살아남는 책이어야 우리는 비로소 '참 잘 만들었다'라고 말할 수 있을 것이다. 편집자라면 적어도 책을 잘 만들기 위해, 내가 만들 책에 대한 시작과 끝의 기준을 세워야 한다. 그것이 바로 편집자로서의 소신이다.

디자이너와의
소통을 위한
제안

　이 글을 읽는 편집자들은 회사에서 어떤 역할을 하고 있을까 생각해보곤 한다. 편집 3~5년 차라면 대부분은 책을 한 권씩 도맡아 진행하는 책임 편집자일 가능성이 크다. 그들이 책을 만들면서 가장 힘들어하는 지점은 어디일까?

　공통적인 답변 중 하나가 바로 '디자이너와의 소통' 문제이다. 편집자는 텍스트만 잘 다루면 되고 디자인은 전적으로 디자이너의 몫이라고 외면하는 편집자도 있고, 내가 원하는 대로 디자인이 나오지 않는다고 투덜대는 편집자도 있다. 반대로 이런 편집자들을 대하는 디자이너의 입장도 마찬가지일 것이다. 그런데 중요한 것은 이 두 분야 전문가들이 함께 일해야 한 권의 책이 완성된다는 것. 텍스트와 디자인 사이의 균형이 무너지면 그 결과는 책에 고스란히 반영될 수밖에 없다.

편집자와 디자이너는 어떤 때는 영영 만날 수 없는 평행선 같은 관계였다가 어떤 때는 한 곳을 바라보고 함께 걸어는 동반자가 되기도 한다. 여러분은 디자이너와 어떤 관계 속에 놓여 있는가?

편집자와 디자이너의 균형이 중요하다

앞서 말했듯이, 현재 출판계에서 편집자의 역할은 텍스트를 다루는 데 머물러 있지 않다. 여러 상황으로 전통적인 분업 구조가 이미 해체된 데다가 독서 인구가 줄어들면서 독자에게 선택되기 위한 치열한 싸움도 함께 해야 하기 때문이다. 편집자는 책 한 권을 둘러싸고 일어나는 모든 일과 관계에 대한 처리 능력을 갖춰야만 한다.

이를 위해 편집자들은 편집의 전 과정에서 수많은 기획서와 계획서를 작성한다. 그 예로, 필자의 출판사에서 한 권의 책을 만들기까지 쓰게 되는 문서는 대략 다음과 같다.

출간제안서 또는 원고검토서 ➡ 출판기획서 ➡ 편집계획서 (편집 콘셉트+디자인 콘셉트+제작사양) ➡ 제목회의 제안서 ➡ 초판제작비 산출서 ➡ 제작발주서 출판사마다 차이는 좀 있겠지만 아마 위의 과정을 거쳐 한 권의 책이 완성될 것이다. 여기서 디자이너와의 소통은 '편집계획서' 단계에서 이루어지는데, 경우에 따라 외부로 디자인을 발주할 경우에는 따로 '디자인 의뢰서'를 작성하기도 한다. 군이 문서를 작성하지 않더라도 편집자는 자신이 만드는 책의 '꼴'을 그려야 한다. 그 다음 본격적으로 디자이너와의 소통이 시작된다.

다음의 두 가지 사례를 보며 상상의 나래를 펼쳐보기 바란다. 편집계획서를 두고 마주 앉은 편집자와 디자이너, 책의 디자인에 대한 대화를 나누고 있다. 둘 다 실제 상황이었다.

[사례 1]

E (편집자) : 저는 이 책의 본문에 산돌명조M을 썼으면 좋겠어요. 그 서체가 날렵해서 좋더라고요. 한 페이지에 23행은 넘기지 않아야 하고, 단어와 단어 사이의 간격이 확실하게 전각이 되도록 해주세요. 따로 구성되는 정보페이지는 배경에 색을 깔면 좋을 거 같아요. 10%로 깔면 너무 약하니까 20% 정도는 되도록 해주세요.

D (디자이너) : 이 책의 전체 디자인 콘셉트는 뭔가요? 생각

하는 방향이 있나요?

E : 요즘 사람들이 빡빡한 책은 지루해 하니까 유쾌하고 발랄
　　하게 해주세요.

D : …….

E : 예쁜 제목 서체도 많던데, 다양하게 이것저것 넣어서 보여
　　주세요.

D : …….

[사례 2]

E (편집자) : 이 책을 한마디로 말하면 '청소년을 대신하여 그
　　들을 해명해 주는 책'이에요. 그런 기획의도를 담아 청소년
　　의 마음에 초점을 맞추고, 청소년들의 다양한 감정을 반영
　　한 디자인이었으면 좋겠어요. 청소년들의 기쁨, 슬픔, 분노,
　　좌절 같은 감정을 드러낼 수 있을까요?

D (디자이너) : 네, 기본 콘셉트는 좋아요. 그런데 청소년들의
　　감정을 다양하게 드러내는 것보다 대표적인 한 가지 콘셉
　　트를 잡으면 좋겠어요. 본문 내용 중 청소년 기질을 대표할
　　만한 사례가 있었나요?

E : 이 책을 읽고 나면 두 가지 청소년의 모습이 떠올라요. 고
　　인돌 그늘 아래 축 늘어져 있는 크로마뇽 청소년, 또는 거대

대한 코끼리를 공격하는 혈기왕성한 청소년. 전 '청소년의 분노'에 대한 내용이 인상 깊었어요. 청소년들은 코끼리만 한 크기의 상대에게 분노를 표현한대요. 말하자면 코끼리 사냥 같은 것에 기꺼이 자신을 내던진다는 거죠. 모험과 위험은 청소년들에게 굉장히 매력적인 요소니까요.

D : 아, 그거 좋네요. 코끼리에 맞서는 청소년. 코끼리를 상징할 수 있는 이미지를 중심으로 디자인 시안을 잡아볼게요.

[사례 1]은 굉장히 구체적이다. 경험 없이 나올 수 없는 대화이기도 하다. 하지만 이런 경우 좋은 디자인 결과물을 얻는 건 거의 불가능하다. 아주 작은 자간이나 행간의 차이로 디자인 결과물이 달라지듯이 책에 담기는 모든 것, 여백이나 쉼표 하나까지 디자인의 요소이다. 그런 방식으로 디자인 의뢰를 하려면 그냥 직접 하라.

[사례 2]는 좀 추상적이다. 대신 책의 내용을 설명하고 디자인까지 일관된 콘셉트를 유지하려는 편집자의 의도가 읽힌다. 디자이너 역시 북디자인의 콘셉트에 대한 바탕이 튼튼한 사람이다. 디자인 콘셉트를 잡는 시작은 이와 같아야 할 것이다.

디자인 안목을 키워라

여기서 아주 중요한 지점이 있다. 어떤 경우든 둘의 협업으로 책을 만들어야 한다는 것이다. 그러므로 일에 앞서 상대방의 업무 스타일을 알아야 한다. 디자이너마다 원고를 대하는 법, 좋아하는 디자인 스타일, 디자인의 강점 등이 모두 다르다. 심플한 디자인을 주로 하는 디자이너가 있는가 하면, 복잡하고 화려한 디자인을 주로 하는 디자이너가 있다. 각자 자신 있는 도서 분야도 모두 다르다. 이런 점을 파악하지 않은 채 무작정 편집자가 원하는 디자인 콘셉트만 주장하면 배는 산으로 갈 수밖에 없다.

디자이너에게 모든 것을 전적으로 맡기는 일도 피해야 한다. 똑같은 원고라도 편집자와 디자이너가 읽어내는 내용은 다를 수밖에 없다. 또한 편집자에게는 전부인 텍스트가 디자이너에게는 디자인의 요소로만 보일 수 있다. 그렇기 때문에 책의 기획의도와 내용, 출간 이유, 대상 독자 등을 디자이너에게 정확히 전달해야 한다.

그러므로 편집자가 디자인 안목을 키우는 일은 매우 중요하다. 오랜 편집 경력을 가진 편집자 중에는 매우 높은 디자인 안목을 지닌 사람이 많다. 수많은 책을 진행하면서 얻은 노련한 감각도 있다. 이런 편집자들은 부분을 보지 않고 전체를 본다. 하나의 상품으로, 완성된 책의 물성을 미리 가늠해 보는 것이다. 만약 디자인 안목이 부족한 편집자라면 전문가로서 디자이너의 의견을 누구보다 깊게 경청해야 한다. 김태희의 눈, 한효주의 코, 송혜교의 입술을 갖다 붙인다고 세상에서 가장 아름다운 얼굴이 되는 건 아니듯이, 개별적인 디자인 요소를 잘 쓴다고 책의 꼴이 아름다워지는 건 아니다. 또 어떤 책에서 좋은 결과를 얻은 디자인이라고 해서 다른 책에 그대로 적용했을 때 같은 결과물이 나오는 것도 아니다. 책마다 자신의 스타일에 맞는 옷을 입어야 한다. 몸에 꼭 맞는, 일관되고 분명한 디자인 콘셉트를 바탕으로 만들어진 책은 독자들에게 안정감을 준다. 눈에 보이는 요소와 눈에 보이지 않는 수많은 요소들이 조화롭게 균형을 이루어야 한다.

북디자인은 편집자의 것도, 디자이너의 것도 아니다. 둘은 '한 권의 책'이 완성되는 과정에서 잘난 척이나 힘겨루기를 해서는 안 된다. 둘의 균형이 맞았을 때 시너지가 발생하고, 그로부터 최상의 결과가 탄생한다고 나는 지금도 굳건히 믿고 있다.

디자인 의뢰서를 많이 작성해 보자

편집자는 디자인 의뢰서를 통해 가장 빠르고 정확하게 책의 콘셉트와 디자인에 관한 의견을 전달할 수 있으며, 오해를 줄이고 소소한 갈등을 줄일 수 있다. 편집자 스스로 책의 디자인 방향을 잡지 못한 채 막연하게 디자인을 맡기고, 시안이 나올 때마다 지적하고 분석하며 '이것저것 다시' 해 올 것을 요구하는 경우가 많다. 디자인 의뢰서를 쓰면 이런 상황에서도 벗어날 수 있다.

디자이너와의 소통이 힘든 이유 중 하나는 의견을 말이나 글로 표현하기가 애매하다는 것이다. '이거 좀 올드해 보여요', '따뜻한 느낌이었으면 좋겠어요', '뭔가 강렬한 이미지가 있으면 좋겠어요' 등의 표현으로 의사소통을 하는 것이 어디 쉬운 일이겠는가. 그렇기 때문에 디자인 의뢰서 작성이 더욱 중요하다.

좋은 디자인 의뢰서는 디자이너에게 영감을 안겨줄 수 있다. 우리가 디자이너에게 얻으려 하는 것은 정해져 있는 틀이 아니라 보다 새롭고 창의적인 결과물이다. 그렇기 때문에 디자이너에게 얼마나 동기부여를 하는지, 디자이너의 감각을 얼마나 최상으로 끌어낼 수 있는지가 관건이다. 디자인 의뢰서가 그 역할을 해낼 수 있다. 디자인 의뢰서에는 책에 대한 정보는 물론, 편집자가 생각하는 디자인 콘셉트와 그와 관련한 구체적인 아이디어를 함께 적으면 좋다. 외모로 그 사람에 대한 첫인상이 생겨나듯, 책의 디자인은 책의 인상을 결정짓는 가장 직관적인 영역이다. 디자인 의뢰서를 중심으로 디자이너와 많은 대화를 나누길 바란다. 디자이너와 서로 말하지 않아도 통하는 사이가 된다면 일의 효율이 몇 배 높아지는 것은 물론, 앞으로 편집 인생에 가장 든든한 지원군이 생기게 되는 것이다.

마케터와의 소통을 위한 제안

불황의 늪에 빠져 있는 요즘, 동료들과 우스갯소리로 생산자가 곧 소비자인 시장이 바로 출판계라는 말을 많이 주고받는다. 책을 짓는 사람들이 책을 가장 많이 산다는 이야기이다. 실제로도 신간을 출간했을 때, 출판계 동료들이나 작가들이 깊은 관심을 보이는 책은 대부분 초기 시장 진입에 성공적인 경우가 많다.

그런데 문제는 주목도서로 떠오른 다음이다. 그 책이 불특정 다수 독자들의 구매를 끌어내지 못하면 그대로 생명력을 잃게 된다. 초판만 반짝 팔리고 조용히 서가로 직행하게 되는 것이다. 이런 경우, 많은 편집자들은 이 현상을 두 가지로 분석한다. 첫째, 독자들의 수준이 낮아서. 둘째, 마케팅부에서 도서의 콘셉트를 제대로 살리지 못해서.

이 두 가지의 말을 관통하는 의미는 단 한 가지이다. 책은 좋은데 마케팅이 받쳐주지 않는다는 것, 과연 그럴까?

마케터 앞에서 버릴 것과 지킬 것

난 편집자 후배들이 자신이 만든 책에 대해 눈을 반짝이며 자부심과 애정을 드러낼 때 가장 흐뭇함을 느낀다. 편집자가 깊이 빠져들지 못하는 책을 미지의 독자가 사랑할 수 있다는 건 어불성설 아닌가. 그래서 늘 최선을 다해 만들고, 그 결과물에 자부심을 가져야 한다고 이야기하곤 한다.

그런데 그 애정과 자부심을 스스로 조율하며 냉정하고 객관적으로 책을 바라봐야 하는 딱 하나의 자리가 있다. 바로 편집자와 마케터의 회의 자리이다. 나의 애정에 스크래치가 심하게 생기고, 책에 대한 자부심이 꺾여 끝도 없이 추락할 수도 있는 시간, 이 시간은 책이 낱낱이 해부되는 자리이기도 하다.

편집자는 책을 만들 때 '무엇'을 '어떻게' 전달할지 고민하여 책에 가치를 부여하는 작업을 하는 사람이다. 반면 마케터는 책을 '누구'에게 '왜' 전달해야 하는지 근거를 세우는 사람이다. 당연히 책을 바라보는 시각은 다를 수밖에 없다. 그러므로 편집자와 마케터가 소통을 위한 준비 없이 만난다면, 서로 허공을 향해 이야기하다 결론을 맺지 못하거나 자기 이야기만 하다가 언성을 높이고 뒤돌아서는 경우가 생길 수밖에 없다.

그렇다면 마케터와의 소통을 위해서 편집자는 어떤 준비를 해야 할까? 여기에 편집 초년생들이 꼭 기억했으면 하는 두 가지 원칙을 제안한다.

하나. 자신이 만든 '헤드카피'를 버릴 수 있어야 한다

필자의 출판사에서는 보통 2교 상태의 원고를 마케팅부에 전달하고, 제목회의 날짜를 잡는다. 도서마다 기획 단계부터 함께 이야기를 나누기는 하지만, 본격적으로 책의 핵심 콘셉트를 결정하는 것은 보통 제목회의 자리에서 이루어진다. 책을 분석하고 제목을 결정하는 과정을 통해 모든 직원이 책에 대한 정확한 이해를 할 수 있기 때문에 무척 중요한 자리이다.

편집부는 저자 분석과 내용 요약 및 헤드카피, 책의 차별점과 특징, 대상 독자, 유사도서 판매 추이 등을 정리하여 가제목을 뽑아 제안한다. 마케팅부는 미리 받은 원고를 충분히 읽은 후 트렌드 분석, 유사도서 분석, 경쟁도서 분석을 통해 좀 더 세분화된 대상 독자를 정하고 마케팅 계획에 따른 헤드카피와 가제목을 제안한다.

여기서 겹쳐지는 부분이 바로 책의 콘셉트에 따른 '헤드카피'이다. 두 부서 간의 의견이 가장 많이 엇갈리는 부분이기도 한데, 편집자와 마케터 간의 설전도 대부분 이때 일어난다. 도서에 대한 콘셉트야 기획 단계부터 공유하는 것이므로 큰 문제가 없지만(기획이 사장이나 편집부의 단독 결정에 의해 이루어진 경우에도 똑같은 일이 벌어질 수 있다). 이것이 구체적으로 드러나는 '헤드카피'는 두 부서가 생각하는 책의 방향을 단번에 보여주므로 충돌이 생길 수 있다.

여기서 먼저, 편집자들은 자기가 만든 헤드카피를 버릴 수 있어야 한다. 이렇게 단정적으로 이야기하는 이유는 편집자들이 이른바 '양서' 의식이 강할수록 마케터의 이야기를 무시하는 경향이 있기 때문이다.

일례로, 오래 전 필자의 출판사에서 0~3세용 그림책을 출간할 당시의 이야기이다. 편집부는 0~3세 도서가 가져야 할 덕목을 들며 현재 출간되어 있는 도서들이 오로지 아기들의 지능발달에만 초점이 맞춰져 있다는 사실에 분개하며 열변을 토했다. 우리가 펴내는 책은 기존의 책들과 다르며, 그 의미를 다양하게 부여해야 한다는 것이었다. 당연히 헤드카피는 의미심장했다. 편집부의 의견에 마케터의 답은 이랬다. "그 책을 들고 문화센터에 나가서 엄마들에게 헤드카피를 이야기해 보세요. 아무도 이해하지 못할 거예요." 그 순간 편집자들의 얼굴에 나타난 그 당혹감이란! 하지만 그런다고 기죽을 편집자들인가. 바로 그 독자 수준을 우리가 끌어올려야 한다, 그 카피를 제대로 전달하는 게 마케터의 역할 아닌가 등등의 의견으로 마케터와 팽팽하게 맞서 논쟁을 벌였다.

긴 논쟁은 벌였지만 결국 이 도서의 헤드카피는 현재 엄마들의 관심 키워드를 중심으로 수정되었다. 출간 이후 프로모션을 위해서는 멋있지만 추상적인 카피보다 아이들의 직접적인 발달을 거론하는 강하고 명확한 카피가 필요했기 때문이다. 그 후로도 이런 일은 자주 발생하였는데, 이런 회의가 반복되다 보니 편집자들이 스스로 마케터의 입장이 되어 카피를 자가 검열하는 단계에 이르렀다. 책에 집중하여 도서 콘셉트에 맞는 헤드카피를 뽑아내되, 마케터 앞에서는 그 카피를 과감히 버릴 수 있는 용기와 객관적 시선이 필요하다. 모든 것을 끌어올려 책을 만들고, 마지막에 바닥으로 내려놓는 경험. 그것을 겪어야 비로소 책을 세상에 내놓을 수 있다.

둘. 책의 콘셉트는 끝까지 지켜야 한다

헤드카피를 버린다고 해서 책이 가진 콘셉트를 함께 버려서는 안 된다. 헤드카피는 책을 어느 방향에서 바라보느냐에 따라, 어떻게 표현하느냐에 따라 얼마든지 유연하게 잡을 수 있다. 편집자와 마케터가 머리를 맞대면 쉽고 대중적이면서도 강력한 메시지를 전달할 수 있는 좋은 카피를 만들어낼 수 있을 것이다. 그런데 이 과정에서 자칫 잘못하면 도서의 콘셉트를 놓칠 수 있다. 책의 판매에만 신경을 쓰다 보면 책이 본래 가지고 있던 의미를 왜곡하는 경우가 생기는 것이다. 편집자에게 이것은 대단히 중요한 문제이다.

나 역시 쓰라린 경험을 가지고 있다. 몇 년 전, 고 박완서 작가의 단편을 그림책으로 기획하여 펴낸 적이 있다. 글의 내용도, 형식도 기존의 그림책 시장에 내놓기에는 확연히 다른 점이 있어 고민하다가 도서의 콘셉트를 '태교 그림책'으로 잡았다. 생명의 탄생을 바라보는 노작가의 시선이 너무나 감동적이기도 했고, 아이가 태어난 뒤에도 두고두고 볼 수 있는, 퀄리티 높은 태교책을 임산부들에게 선보이고 싶은 마음 때문이기도 했다. 이미 출간한 태담 시리즈로 태교 시장에 대한 동향을 파악하고 있었기 때문에 가능한 기획이기도 했다.

그런데 마감을 얼마 앞두고 박완서 작가가 운명하시고 말았다. 출판사 내에서 긴급회의가 열렸다. 마케팅부에서는 작가에 대한 집중 조명이 이루어지고 있는 시점이므로 '태교 그림책'의 콘셉트를 대중적으로 선회해야 한다는 의견을 내놓았고, 긴 회의 끝에 결국 '생명을 예찬한 가족 에세이 그림책'이라는 띠지를 두르게 되었다.

편집자로서 나는 그 일을 지금도 후회하고 있다. 어쩌면 마케팅부의 그 제안이 옳았을지도 모른다. 하지만 책을 기획하면서 떠올렸던 행복한 임산부들의 모습을 지워야 했고, 그 이후로 하고 싶었던 여러 가지 프로모션들을 포기해야 했다. 뒤이어 또 한 권의 태교그림책을 펴냈지만 먼저 펴낸 책의 콘셉트를 변경하는 바람에 두 권이 서로 시너지를 일으키지 못했다.

편집자에게 도서의 콘셉트는 생명과 같다. 그것은 책을 내는 의미이기도 하고, 기획의도이기도 하다. 목표를 위해 전술은 바꿀 수 있지만, 이루고자 하는 목표를 바꾸는 일은 신중해야 한다.

마케터와 진심으로 소통하는 편집자

편집자와 마케터가 협업을 하는 과정에서 서로 논의하고 역할을 분담해야 할 일은 무궁무진하다. 하지만 도서 콘셉트를 잘 드러내면서도 독자의 눈과 마음을 잡아끄는 헤드카피만 잘 잡으면 다른 문제의 해결은 비교적 쉽다. 편집자나 마케터나 모두 '좋은 책을 만들어 많이 팔고 싶다'라는 공통의 목표를 가진 사람들 아닌가. 때문에 편집자와 마케터는 '출판기획자'도 되어야 하고 '출판마케터'도 되어야 한다. 나 혼자 좋은 책만 만들면 그만, 무조건 많이 팔기만 하면 그만이 아니다. 많은 사람들에게 사랑받는 책이어야 하고, 적절한 사람에게 적절하게 팔아야 한다. 그래야 그 책의 생명이 길어지고, 그 다음도 기대할 수 있다.

마케팅이 부족하여 책이 팔리지 않는다고 원망하기 이전에 마케터와 진심으로 대화하자. 한발 떨어져 책을 객관적으로 바라보며, 함께 머리를 맞대고 프로모션과 마케팅 전략을 짜고 공유하자. 그 과정에서 편집자가 할 수 있는 일은 적극적으로 해야 한다.

물론 지금까지의 이야기는 출판사의 시스템이 열려 있어야 가능한 일이다. 또한 팔리지 않는 책에 대해 편집부에 대한 원망만 쏟아내는 마케터라면 대화하기 힘들 것이다. 그러나 분명한 건 편집자와 마케터의 진정한 협업이 이루어지지 않는 한 많은 사람들에게 사랑받는 책을 탄생시키는 것은 매우 힘들 거란 사실이다.

이직(移職),
상상을 현실로 만드는
용기가 필요하다

2002년 어느 날, 한강이 훤히 내려다보이는 한 건물 꼭대기에 위치한 H출판사의 문을 떨리는 마음으로 열었다. 딱 편집 9년 차가 되는 시점이었다. 진로 문제로 몇 개월을 고민하던 중 무작정 이력서를 낸 출판사였다. 회사의 문을 열기 전 생각했다. '들어갔다가 망신만 당하고 나오는 거 아닐까, 이거… 잘하는 짓일까?'

무모한 도전과 열정

편집 9년 차이면서 '망신살' 같은 단어를 떠올렸던 까닭이 있다. 이력서를 낸 출판사는 내가 한 번도 만들어보지 않았던 무크지를 펴내는 출판사였기 때문이다. 그뿐만이 아니었다. 사실 그 출판사는 직원 모집 공고를 한 적이 없었다. 그런데 나는 어떻게 면접을 보게 되었나. 그 당시 다니던 출판사는 내가 완전히 정착할 수 있는 곳이 아니었다. 책을 만드는 일은 즐거웠지만, 내가 궁극적으로 원하는 책을 만드는 곳은 아니었기 때문이다. 시간이 갈수록 이직에 대한 열망은 점점 더 강해졌지만, 직장 내에서 꽤 안정적으로 자리를 잡고 있었던지라 다른 마음을 먹는 게 쉽지 않았다. 마음은 초조했지만, 막연함만 가슴에 품은 채 하루하루 시간을 보냈다. 아마 이직을 위해 계획 없이 사표를 냈다가 결국 비슷한 분야에서 일을 다시 하게 된 경험이 나를 머뭇거리게 만들었으리라.

나는 약간의 자포자기 심정과 동경의 마음으로 내가 만들고 싶은 책을 내는 출판사 홈페이지 주소를 즐겨찾기에 저장했다. 그리고 시간이 날 때마다 이 출판사들을 순회하며 언젠가는 나도 저런 책을 만들겠다는 다짐을 하곤 했다. 물론 이직을 염두에 둔, 의식적인 행동은 아니었다. 내가 좋아하는 책들을 보면서 상상으로 책을 짓는 것이 좋았고, 한편으로는 그렇게 하지 않으면 영영 매너리즘에 빠질 것 같다는 위기감 때문이었다. 그러던 어느 날, 국내에서 무크지를 만드는 몇 안 되는 출판사 중 하나인 H사의 홈페이지를 둘러보다 우연히 게시판에 쓰여 있는 문장 하나를 발견했다. "우리 회사는 언제나 열려 있습니다."

지금 생각해도 어디서 그런 용기가 났는지 알다가도 모를 일이다. '열려 있다'는 글을 보는 순간, 잠자고 있던 열망이 용솟음쳤다. 그날 저녁, 마치 고해성사를 하듯 이력서와 장문의 자기소개서를 썼고, 과감히 메일을 보냈다. 그리고 이틀 후, 한 통의 전화가 걸려왔다. H사 대표가 직접 전화를 건 것이다. 한번 보고 싶다는 말과 함께. 모든 일은 눈 깜짝할 사이 이루어졌다.

H사도 나도 예정에 없었던 면접날. H사 대표가 나에게 물었다. 이쪽 분야에 아무런 경력도 없으면서 어떻게 책을 만들 거냐고. 자기소개서에서 진심과 열정이 느껴져 한번 보자고는 했지만, 어디서 그런 용기가 생겼는지 궁금하다고 했다. 나는 마치 오랫동안 준비해온 것처럼 말을 술술 늘어놓았다. 그런데 말하면서도 스스로 놀랐던 것은 그간 내가 해온 생각들이 퍼즐 조각을 맞춘 것처럼 논리 정연했다는 것이다. 나는 H사에서 펴낸 책들의 장점, 개선했으면 하는 점, 그리고 앞으로 어떤 분야로 어떤 책들이 출간되면 좋겠다는 의견을 내놓았다. 대표는 적잖이 놀라는 눈치였다.

면접을 끝내고 돌아오면서 얼마나 가슴이 떨렸었는지, 지금도 잊을 수가 없다. 그 출판사에 입사를 하든 안 하든 그게 중요한 게 아니었다. 내가 만들고 싶은 책에 대한 이야기를 아무런 두려움 없이 당당하게 이야기했다는 것만으로 난 흥분 상태였다. 만약 지금, 같은 상황이라면 나는 그렇게 할 수 있을까. 그때보다 연륜이 훨씬 더 쌓였지만, 아마 머릿속으로 수많은 계산을 하느라 그렇게 무모하게 덤벼들진 못할 것 같다. 며칠 후, H사 대표는 다시 나를 만나자고 했다. 퇴근 후 H사에 가니 놀랍게도 모 연예인의 아내가 책을 내고 싶다며 출판사에 찾아와 있었다. 대표는 나에게 이 기획안을 책으로 만들 수 있는지의 여부를 결정하라며 회의실에 날 남겨두고 나가버렸다. 등줄기에서 식은땀이 쭉 흘렀지만 이미 엎질러진 물, 나는 면접자의 신분으로 예비 저자와의 미팅을 끝냈다.

두 번째의 돌발 미팅이 끝난 후, 대표와 또다시 긴 대화가 이어졌다. 미팅의 결과는 물론, 앞으로 H사에서 나올 무크지에 대한 자유로운 토론이었다. 대화가 끝날 무렵, 문득 내가 머릿속으로만 책을 만들고 있는 건 아닌가 하는 생각이 들었다. 내 생각을 들여다보기라도 한 듯, 대표는 이런 말로 대화를 끝냈다. "그런 마음으로 일할 사람을 찾고 있었어요. 들어와서 몇 년이 걸리더라도, 아이를 낳는다 생각하고 책을 만들어 주세요. 기회를 주고 싶네요." 한 달 후, 나는 H출판사로 자리를 옮겼다.

내 이야기가 허무맹랑하게 들릴지 모르겠지만 순도 100%의 리얼 상황이었다. H출판사로 자리를 옮긴 뒤 나는 비로소 출판의 재미에 푹 빠져들 수 있었다. 요즘 말로 '포텐이 터졌다'고 해야 할까. 요리, 인테리어, 건강, 임신출산, 취미분야의 각종 무크지를 마음껏 기획하고 만들었다. 진심을 다해 만드니, 만드는 족족 좋은 성과를 거두었다. 이후로 한번 더 분야를 바꾸어 이직하여 지금에 이르고 있지만, 그때의 무모한 도전이 없었더라면 나는 지금처럼 몸에 꼭 맞는 일을 찾지 못했을지도 모른다. 열정은, 내가 좋아하는 일을 즐겁게 할 때 멈추지 않고 솟아 나온다.

이직을 위한 질문

이런 나의 경험은 과연 지금도 유효할까. 〈응팔〉(드라마 '응답하라' 시리즈)에 버금가는 이 글을 읽고 있을 젊은 편집자들은 고개를 절레절레 흔들지도 모르겠다. 많은 출판사들이 경력과 공식적인 일정과 절차에 따라 편집자를 뽑는 시대이니 말이다.

아주 흔한 사례 하나를 들겠다. 편집 5년 차인 B씨는 두 번의 이직을 했다. 첫 번째 회사는 중소출판사의 편집기획팀이었는데, 잦은 야근과 연차가 적은 것이 불만이었다. 충동적으로 회사를 그만두고 한 달 동안 여행을 다녀와 다시 재취업을 했다. 두 번째는 아동물을 만드는 회사였다. 그런데 아동물을 만드는 것은 일반 단행본을 만드는 일과 너무 달랐다. 처음부터 다시 시작해야 하는 게 힘들었고, 작가들과 관계를 새로 쌓아가는 일이 너무 부담스러워 다시 사표를 냈다. 지금은 세 번째 직장을 찾고 있는데, 조건이 나쁘지 않다면 무조건 들어갈 생각이다.

사례를 쓰면서도 깊은 한숨이 나온다. 이런 상황에 있는 편집자들이 생각보다 너무 많기 때문이다. 어느 업계나 마찬가지겠지만, 책을 만드는 편집자라면 더욱 더 자신의 목표를 분명히 세워야 한다. 이 목표는 세운다고 금방 이룰 수 있는 게 아니다. 적당히 회사를 다니다가 맘에 안 들면 옮기는 일을 반복하면 영영 이직의 노예가 될 수밖에 없고, 결국에는 정착하기 힘들어질 것이다.

이직을 하기 전에 다음과 같은 질문을 스스로에게 해보아라. 첫째, 나는 어떤 분야에서 책을 만들고 싶은가, 그 이유는 무엇인가? 둘째, 나는 그 분야에서 일을 잘할 수 있는가, 왜 그렇다고 생각하는가, 적어도 이러한 질문에 답할 수 있을 때 이직을 준비하라고 권하고 싶다.

1번에 대한 답을 하려면 우선 출판 분야의 기본적인 이해가 있어야 한다. 일반 성인 단행본, 어린이책, 청소년책, 학습서, 학술서, 잡지, 무크지, 사보 등 출판 분야에 따라 요구하는 능력은 아주 다르다. 첫 직장은 복불복일 수 있겠지만, 그다음은 운이 아니라 노력과 실력이 결정한다. 내가 어떤 분야에서 책을 만들고 싶다고 해서 모든 일을 잘할 수 있는 건 아니다. 그렇기 때문에 2번에 대한 답이 필요하다. 내가 원하는 분야에서 일을 잘할 수 있다는 근거와 확신이 필요하다. 객관적으로 자신을 통찰해야 한다.

이 글을 읽는 편집자 중 이미 원하는 분야에서 책을 만들고 있는 분들께 우선 박수를 보낸다(이들이 뒤에 겪어야 할 슬럼프와 매너리즘은 일단 뒤로 하고). 그렇지 못한 분들이라면 당연히 이직을 꿈꾸고 있을 것이다.

이직을 위한 준비

자, 이제 이직을 위해 무엇을 준비해야 할 것인가.

첫째, 열정과 상상력을 장착하라. 열정이 나를 꿈꾸게 했고, 상상 속에서 나는 원하는 책을 계속 만들었다. 면접에서 내가 막힘없이 의견을 쏟아낼 수 있었던 이유는 평소에 내가 원하는 분야에 계속 관심을 갖고, 그것에 대한 애정의 끈을 놓지 않았기 때문이다. 결국 나는 나도 모르게 새 트렌드를 읽어내는 혜안을 갖게 되었고, 상상 속에서 수많은 책들의 기획 리스트를 쌓았다 무너뜨리는 일을 반복할 수 있었다.

둘째, 꾸준히 공부하라. 열정과 상상력을 장착했다면, 나에게 언제 어디서 갑자기 찾아올지 모르는 기회에 대비하여야 한다. 원하는 분야의 신간들을 꾸준히 읽으면서 독서록을 만들고, 앞으로 출간하고 싶은 기획 리스트를 만들어보자. 그중 한두 가지는 출간을 제안할 수 있는 기획서까지 써보는 것이 좋다. 그러려면 참고도서를 찾아 깊고 폭넓은 독서를 해야 할 것이다. 물론 지원하고자 하는 회사에 대한 사전 파악은 필수이다.

마지막으로 용기를 가져라. 열정이 있고 준비가 되어 있더라도 결정적인 순간에 용기를 내지 않으면 무용지물이다. 용기는 강한 의지로부터 비롯되는데, 어느 회사라도 의지가 강한 사람을 우선적으로 뽑게 되어 있다. 내가 만약 상상을 실현하기 위한 무모한 도전을 하지 않았더라면 이 자리까지 올 수 있었을까? 상상은 현실이 될 수 있다. 단, 용기가 있을 때 말이다. 이직을 꿈꾸는 이들이여, 그대들의 상상을 달콤한 현실로 만들길 진심으로 바란다.

어떤 편집자로 살아가야 하는가에 대한 고민은 여전히 현재진행형이다. 만들고 있는 책의 분야에 따라, 일하고 있는 환경에 따라, 자신이 가지고 있는 경험치와 잠재 능력에 따라 편집자의 역할과 정체성은 그 결을 달리하기 때문이다. 가능성은 언제나 불분명한 것이 아니던가. 그 모호함 속에서, 그래도 3~5년 차 편집자라면 꼭 기억해야 할 몇 가지 조언을 마지막으로 글을 끝맺음하고자 한다.

하나, 관심 있는 분야를 섭렵하라

일본의 무대미술가이자 칼럼니스트인 세노 갓파는 저서 《작업실 탐닉》에서 일본의 극작가 이노우에 히사시가 책상 앞에 써놓은 글귀를 인용한 바 있다.

'어려운 것을 쉽게. 쉬운 것을 깊게. 깊은 것을 유쾌하게.'

삶의 방식에 적용해도 좋을 멋진 글귀지만, 편집자에게 적용하면 더욱 끝내주는 글귀이다. 어려운 것을 쉽게, 쉬운 것을 깊게, 깊은 것을 유쾌하게 만들어낼 수 있는 편집자가 된다면 게임 끝 아닌가. 자, 나는 지금 어느 지점에 서 있는가?

위의 세 가지를 충족하려면 무엇보다 내가 하고자 하는 것들, 더 구체적으로는 내가 만들고자 하는 책의 분야를 섭렵하고 있어야 한다. 출판기획자가 되기 위해서는 필수적인 단계이다. 잘 알지 못하면 쉽게 풀지 못하고, 깊어질 수 없으며, 진정으로 유쾌할 수 없다.

예를 들어, 그림책에 관심 있는 편집자라고 하면, 적어도 그림책 분야의 대표 도서들은 모두 읽어야 한다(짧은 글이라고 금방 읽을 수 있다고 생각하면 오산이다). 연령별, 분야별 베스트셀러는 물론 최근 5~10년 정도의 출간 동향쯤은 언제 어디서 누가 물어도 자동 재생될 만큼 줄줄이 꿰고 있어야 한다. 다시 말하면 끊임없는 검색과 자신만의 DB 정리가 이루어져야 한다는 것이다. 만약 자신이 만들고 싶은 책의 분야가 정해지지 않았다면 이런 노력은 두 배가 되어야 한다.

어느 정도 분야에 대한 전반적인 검색과 분석이 이루어지고 나면 그 다음부터는 좀 쉽다. 매년 신간 출간 위주로 자신의 DB를 업데이트 시키면 된다. 내가 쥐고 있는 것이 많아질수록 새로운 것을 만들어내는 토대는 튼튼해진다. 그럴 듯한 기획을 하려고 맥락 없는 아이디어들을 쏟아내기 이전에 다양한 분야를 섭렵해가며 충실하게 기초를 다지기 바란다.

둘, 작가의 작품 세계를 파악하라

어느 작가나 데뷔 시절이 있기 마련이고, 성장하기 마련이며, 한 가지 형태의 작품에 머무르지 않는다. 작가의 작품이 어느 단계에 있는지 파악을 해야만 좋은 편집을 할 수 있다.

수많은 투고 원고를 읽고, 그중에서 출간할 수 있는 원고를 선택하기 위해서는 편집자 나름대로의 기준을 가지고 있어야 한다. 큰 틀에서 보자면 자신이 근무하는 출판사의 출간 방향이나 작품의 선정 기준이 존재할 것이다. 그런데 그 기준은 말 그대로 큰 범주이며, 절대적일 수 없다. 책을 만들기 위해서는 편집자만의 더 구체적이고 세분화된 기준이 필요하다.

그 기준을 세우기 위해서는 작가의 작품 세계를 전체적으로 파악하고 있어야 한다. 가끔 보면 책을 여러 권 출간한 작가임에도 투고 원고 하나만 보고 출간 여부를 결정하는 경우가 있다. 편집자는 작가가 가지고 있는, 보이지 않는 곳에 잠재된 콘텐츠까지 끄집어내는 역할을 해야만 한다. 눈앞에 보이는 결과물만으로 줄을 세워 선택하는 일은 가장 낮은 수준이다.

작가의 작품 세계를 파악하고, 작품이 어느 단계에 있는지 파악하는 일은 작가의 미래를 예견하는 일과도 맥을 같이한다. 하여 '작가와 함께 성장하는 편집자(혹은 출판사)'라는 말이 나오는 것이다. 필자가 만드는 그림책의 경우에는 이 과정이 더 확연하게 드러난다. 여러 공모전에서 수상을 한 작가의 작품도 중요하지만, 작가들의 처녀작 역시 중요하다.

관심 있는 작가가 있다면 그 작가의 작품 세계에 깊이 빠져보길 바란다. 그의 첫 책이 어떻게 시작되었는지, 작품은 어떤 변화를 거쳐 왔는지, 그리하여 지금은 어디에 머물러 있는지 파악할 수 있다면 그 작가의 작품을 편집하는 편집자로서 준비는 완벽하다고 할 수 있다.

셋, 저자와 진정한 파트너가 되어라

몇 년 전, 프랑스 화가 올리비에 탈레크가 국내에 초청되어 온 일이 있다. 국내 작가들이 많은 질문을 던졌는데 그중 기억에 남아 있는 이야기가 있다. 이미 오래 전부터 작품을 할 때 파트너로 일하는 편집자가 따로 있으며, 그 인연은 벌써 십 년이 훌쩍 넘었다는 것이었다. 그에게 그 편집자는 자신의 작품을 가장 잘 이해하는 동반자라 했다. 그 편집자가 출판사를 옮기면 그도 출판사를 함께 옮긴다고 했다.

외국에는 이런 사례가 꽤 많은 편인데, 요즘에는 우리나라에도 작가와 편집자 간의 파트너십이 점점 더 강력하게 자리 잡고 있다는 것을 느낀다. 출판사의 자본력과 별개로 자신의 콘텐츠를 깊이 이해하여 함께 일하면서 시너지를 얻을 수 있는 파트너를 필요로 하는 작가들이 많아진 것이다. 색깔이 분명한 1인 출판사나 소규모 출판사들이 작가들과 끈끈한 유대관계를 갖고 꾸준히 책을 펴내는 걸 보면, 그래도 출판이란 게 참 멋진 일이라는 생각이 들곤 한다.

작가의 작품 세계를 이해하는 데에 머물러 있다면 저자와 진정한 파트너가 될 수 없다. 인간적인 공감과 소통까지 모두 아우르는 관계가 되어야 진정한 파트너십이 발휘될 수 있다. 그렇기 때문에 편집자는 작가와의 소통을 게을리해서는 안 된다. 또한 콘텐츠보다 더 밑바탕이 되는 것은 결국 '사람'임을 잊지 말아야 한다. 작품을 대하는 만큼 작가에게도 관심을 가져야 한다.

나는 지금도 내가 존경하는 몇몇 작가들의 원고가 출간되기 전에 미리 받아보는 행운을 누리곤 한다. 그 원고가 꼭 나에게 오지 않아도 좋다. 진심으로 나의 파트너가 가장 최상의 결과물을 낼 수 있는 방향으로 조언을 건넨다. 나의 이런 마음과 작가의 작품이 서로 '통'하였을 때, 그 원고는 나에게 오고 나의 손을 통해 탄생된다. 그리고 그 원고가 '책'으로 세상에 태어나면, 그 책은 세상의 많은 독자들의 것이 된다. 내가 모든 것을 소유하지 않아도 그것으로 충분하다.

넷, 결과가 아니라 과정이 전부라는 사실을 잊지 마라

많은 노력을 했음에도 그 결과물이 종종 우리를 배신하는 일은 빈번히 일어날 것이다. 그리고 끊임없이 그 결과물에 대한 평가와 비판을 받을 것이다. 물론 완성된 형태의 '책'은 매우 중요하다. 하지만 결과물 하나하나를 들추다보면, 그 속에는 언제나 사람의 말과 생각과 향기와 느낌이 담겨 있다는 걸 느낄 수 있다.

그러므로 협업하는 사람들과의 과정을 소홀히 여기지 않길 바란다. 베스트셀러 작가와 일하지 않아서, 흔히 말하는 일류 디자이너와 일하지 못해서, 마케팅이 부족해서 맘에 드는 결과물이 나오지 않았다고 말하지 마라. 좋은 책은 뛰어난 기술에서 나오는 것이 아니라 함께하는 사람들과의 협업 과정에서 나온다.

다섯, 내가 하고 싶은 것과 할 수 있는 것을 일치시켜라

내가 바이올린 협주곡을 좋아한다고 해서 바이올린을 연주할 수 있는가? 책을 만드는 일은 자칫하면 이런 착각을 불러일으킨다. 책이란 형태가 우리를 그런 착각에 빠지게 만든다. 내가 하고 싶은 일과 할 수 있는 일은 엄연히 다르다. 내가 가진 것을 객관적으로 바라보라. 감각만 있는 편집자는 꾸준하게 공부하고 준비한 편집자를 넘어서긴 힘들다.

내가 만들고 싶은 책이 있다면 그 책을 만들 수 있는 만반의 준비를 갖추길 바란다. 그 분야의 책들을 섭렵하고, 흐름을 읽고, 주요 저자들의 작품을 통독하라. 아는 만큼 보이고, 보이는 만큼 자신감이 생긴다. 자신감이 장착되면 그때야 비로소 내가 하고 싶은 일들을 벌일 수 있다. 난 아직도 기회는 준비된 이들에게 찾아온다는 것을 믿는다. 한 우물을 계속 파면 결국에는 뚫을 수 있다.

마지막으로 조금 사변적인 이야기를 하려 한다. 지난 해 말, 난 출판사를 옮겼다. 어쩌면 내 편집 인생에서 마지막 직장이

편집자를 위한 **출판수업**

될지도 모르겠다. 대학을 졸업하고 꼬박 이 일을 해왔으니 벌써 23년 차다. 그렇게 오래 책을 지어 왔는데도 난 가끔 여전히 제자리를 맴돌고 있는 것만 같은 악몽을 꾸곤 한다. 가만 생각해보면 내 욕심 때문인 것도 같고, 편집이란 일이 그만큼 내성이 생기기 힘든 일이기 때문인 듯도 하다. 그런데 뒤집어 생각하면 이 나이에도 욕심을 낼 수 있고, 내성이 생기지 않아 늘 새로운 도전을 반복하는 일이 '편집'이고 '출판'이다.

좋은 편집자가 되기 위해, 좋은 책을 내기 위해 필요하거나 알아야 할 것들은 앞으로도 시대를 달리하며 계속 변화하며 우리를 괴롭힐 것이다. 그럼에도 책을 짓는 일이 여전히 여러분의 가슴을 뛰게 한다면, 그보다 더 흥분되고 재미있는 일을 찾기 힘들다면 여러분은 편집자이다.

조금 앞서 경험한 선배의 입장에서 건넨 그간의 조언이 3~5년 차 사춘기를 겪고 있는 후배들에게 작은 도움이라도 되었다면 더 바랄 것이 없겠다. 진심으로 모두의 건투를 빈다.

제2부

편집장에게 듣는
상대적이고 절대적인
편집 매뉴얼

배수원

편집장을
위한
변명

얼마 전 sbi의 특강에서 마주쳤던, 졸업을 앞둔 11기들의 눈망울이 떠오른다. 자신들이 들어가고 싶어 하는 '출판사'라는 곳에 이미 다니고 있는, 그것도 아주 오래 다닌 나를 부러운 눈길로 바라보는 것이 한 편으로는 부담스러웠지만 다른 한 편으로는 은근 사랑스러웠다. 열정어린 인간이란 언제나 감동적이니까. 부디 그 눈망울이 1년 후에도, 5년 후에도 계속되어야 할 텐데.

6개월이나 되는 긴 교육과정을 마치고 졸업한 이들이 어찌되었을까. 들리는 말에 의하면 입사 후, 출판사의 저렴한 연봉에 눈뜨고, 아침저녁으로 바뀌는 사장의 출간방향에 넌덜머리가 났으며, 자신이 꿈꾸었던 저자와의 우아한 토론 업무 같은 것은 고사하고 끝도 없는 색인 정리나, 무료도판 서치, 결국에는 휴지통으로 사라질 제목안 잡기 같은 티도 안 나는 일에 지치고 허망함에 몸부림치다 이미 이직을 경험했고, 그 과정에서 인간에 대한 배신과 이런 세상에 대해 치밀어 오르는 밑도 끝도 없는 분노를 홍대 앞 어딘가의 술자리에서 안주 삼아 토해냈다는 소식을 몇 번인가 들은 듯하다. 그래도 흥분할 필요는 없다. 출판사가 아니더라도 사회생활이라는 건, 글자 그대로 만만치 않은 가시밭길이니까.

여하튼 이렇게 출판사에 무사히 출판사에 입성한 1~3년 차 신입들의 꿈이 '편집장' 혹은 '편집주간'인지는 잘 모르겠다. 그렇다고 말해주면 부담스럽고, 아니라고 하면 섭섭하다. 묻지 않는 게 최선이다. 그럼에도 산타클로스의 실체를 알아버린 소년 같은 대리나 과장급이라면 몰라도 신입의 눈에는 편집장이, 최소한 편집장 자리가 선망의 대상이어야 하는 게 아닐까? 어떤 분야의 저자도 척척 응대하고, 다른 출판사에서 출간되는 책들의 속사정까지 줄줄이 꿰고 있으며, 지성미 넘치는 카리스마와 빛나는 리더십까지 겸비한, 그야말로 지식문화산업의 선두주자일 거라고.

하지만 수습딱지를 떼는 3개월 차가 되면 출판사 사정이 빤하게 한눈에 들어오고, 하늘과 같았던 편집장의 모습도 나보다 출판사를 좀 더 오래 다녔을 뿐인, 좀 더 나이 많을 뿐인, 그저 그런 소시민의 직장인으로 정리되기 일쑤이다. 편집장이 기획했어도 안 나가는 책은 안 나가고, 오타가 없는 것도 아니고, 무엇보다 편집장 위에는 사장이란 존재가 버티고 있다.

날로 줄어가는 독서 인구의 바짓가랑이를 부여잡은 채, 뒤표지 카피 한 줄로 어떻게든 독자의 마음을 사로잡아보겠다고 안간힘을 쓰는 것만으로도 고된데, 함께 일하는 후배들에게조차 희망의 대상이 되지 못한다는 건 정말 헛헛한 일이다. 물론 이웃나라 일본에서는 일흔 살까지 편집장을 한다고도 하고, 해외도서전 중에 만난 머리 희끗희끗한 편집자들을 보면서 뿌듯해하기도 했지만 그건 어차피 다른 나라의 이야기일 뿐, 전혀 위로 되지 않는다. 이 나라에서의, 그리고 지금 상황에서의 자리매김이 필요하다.

신입으로 입사해 편집장까지 올라갈 가능성을 가늠해보자

수치만으로 계산할 수는 없겠지만 국내출판사의 편집부 평균 인원을 5명으로 잡으면 약 20%의 확률. 자발적 이탈자까지 생각하면 확률은 더 높아진다. 기간은 평사원 3년에 대리 2년, 과장 2년, 팀장 3년으로 쳐도, 약 10년, 중간에 이직만 요령 있게 하면 1~2년 정도는 부족해도 그냥 통과, 그러고 보니 편집장 자리를 꿰차는 것이 그다지 어려운 일은 아니다. 처음 3년까지가 힘들지 그 이후 시간은 금방 흘러가지 않는가. 5~10년 차에 경력관리만 잘해 주고, 큰 굴곡 없이 버티기만 하면 자연스레 획득할 수 있는 것이 편집장 자리인지도 모르겠다.

그러나 지나고 보면 짧기만 했던 10년의 기간이 그 당시에는 무척이나 길고, 괴롭게 느껴진다는 게 문제이다. 막내 때는 직급만 있으면 만사가 편할 것 같고, 남들도 만만히 보지 않을 것 같다. 그러나 대리를 달고 보면 이 정도 직급으로는 할 수 있는 것도 없고, 아래 직원의 거슬림에도 잔소리할 용기까지는 생기지 않는다. 그렇다고 과장이 되면 어떤가. 출간해야 할 책의 난이도만 올라가고, 아래위로 치이다 보니 팀장이 될 날만 기대하며 인사발령에 목을 뺀다. 그렇다면 팀장은 만족스러울까? 뭐, 이렇게 한 단계 한 단계 올라갈 때마다 책임은 커지고 회의 때마다 깨지는 건 팀장이고, 사내정치까지 신경 써야 하며, 다종다양한 후배들까지 관리하려면 늘어나는 건 주름살뿐이다.

편집장인들 다르랴. 쥐꼬리만큼 커진 권한에 비해 책임은 기하급수적이다. 웬 사건사고는 끊이질 않는지! 게다가 그 자리를 오래 유지하는 건 또 다른 문제이다. 실력뿐 아니라

원만한 인간관계, 리더십, 회사와의 돈독한 신뢰관계, 여기에 체력관리(특히 시력관리)까지 뒷받침되어야 하고 무엇보다 중요한 것은 그 출판사의 매출, 매출이 뚝뚝 떨어지는 마당에 오랜 경력자라는 이유만으로 편집장 자리를 보존시켜 줄 출판사가 얼마나 될까?

그러다 보니 편집장은 매출 상승에 협조하지 않는 직원들에게 쌍심지를 켜야 한다. 편집장의 역할이 출판사마다 조금씩 다르긴 하겠으나 어찌 되었든 그 출판사에서 출판되는 책의 총책임자이고, 때로는 인사문제와 매출까지 걱정해야 하는 자리이다. 신간은 매출에 큰 비중을 차지하니 출간 일정에 대한 압박은 기본이고, 마케팅 회의에서 엄한 소리 하는 직원들에게는 비수를 꽂을 수밖에 없다. 출간되는 신간이 서점의 좁은 매대에 치열한 경쟁을 뚫고 놓일 수 있을까를 걱정하는 상황에서 되도 않는 기획안을 요식행위로 내미는 직원들에게 어퍼컷을 날리기는커녕 다독이며 격려까지 해줘야 한다는 건 너무 심한 고문이 아닌가! 그래도 허벅지 푹푹 찔러가며 인내 속에 기획회의를 마치면서 한소리 하고 나면 이번에는 삼삼오오로 키보드 두드리는 소리가 높아진다. 오호통재라. 몸 안에서 사리가 송글송글 영그는 듯하다.

이렇다 보니 많은 편집자들에게 편집장은 하나같이 까칠하고, 사납거나, 워커홀릭으로 보일 수밖에 없다. 회식 때 출간예정 도서 이야기를 꺼내 회식인지, 회의인지를 헷갈리게 하는 것까지는 이해한다치더라도, 주말에 서점 SCM을 들락거리며 신간 판매를 체크하고 마케팅 직원에게 카카오톡을 날리고, 취미라곤 오로지 일하는 것밖에 없어 보이는 무미건조함도 놀랄 일인데, 법적으로 주어진 연차 쓰는 것에는 왜 그리 눈치를 주는지, 또 개인의 사생활 따윈 안중에도 없이 직원이라는 이유만으로 회사의 공식 페이스북에 좋아요를 누르라고 강요해대니 도대체 이해불가인 게 당연하다.

소통의 방법을 잊어버린 채 서로에 대한 기대치만 높아져버린 건 아닐까

개성 넘치는 파릇한 신입들과 어느덧 불혹을 훌쩍 넘긴 편집장들과의 간극은 나이만큼이나, 아니 나이보다 더 빠르게 벌어지고 있다. 회식은 맥주 한 잔 없이 9시 전에 끝내는 게 기본이고 그마저도 대부분 점심시간에 해치우며, 회의 때는 묻는 말에만 대답하고, 업무지시는 대부분 메신저로 처리되며, 감정 표현은 이모티콘이란 편리한 도구가 있다.

직원간의 유대가 끈끈했다던 이 업계에 어느 순간 닥쳐온 이런 서늘함의 이유는 무엇일까. 많은 추정이 가능하지만 굳이 몇 가지만 골라보자면 이렇다.

첫 번째는 편집장과 신입 사이의 간극을 보완해 줄 든든한 허리인 5~10년 차의 경력자가 여러 가지 이유로 줄어들었다는 것. 이들은 선배에게 후배의 속마음을 전해주거나, 후배에게는 선배 대하는 요령을 은연중에 전수하는 다리 역할을 했다. 이들이 사라지면서 신입과 편집장은 서로를 이해 못할 종족으로 규정짓고 소통의 방법을 잊어버린 채 서로에 대한 기대치만 높아져버린 건 아닐까.

두 번째는 최근 10여 년 사이에 빠르게 변화된 출판 시스템이다. 출판은 오랫동안 생산방식에 거의 변화가 없던 업종 중 하나였다. 그러나 업무환경이 전산 시스템으로 바뀌면서 최근의 인디자인과 CTP 출력, 전자출판, SNS 홍보툴에 이르기까지 숨가쁜 변화가 큰 폭으로 이어졌다. 이 과정에서 맨투맨으로 하나하나씩 물어보며 도제식으로 일을 배웠던 편집장 세대로서는 자신이 그동안 공들여 배워왔던 업무 스킬들이 무의미해지는 상실감을 겪었고 많은 부분을 신입과 같은 입장에서 다시 배워야 했다. 그러다 보니 새롭게 일을 시작하는 신입들에게 예전만큼 업무로써 권위를 갖기가 힘들어졌기 때문은 아닐까.

세 번째는 출판의 가치관이나 편집정신의 상실 또는 흐릿함. 어떤 책을 만들고 출판할 것인가에 대한 진지한 접근보다는 얼마나 팔 것이냐가 훨씬 유의미해진 출판시장에서 더 이상 출판일을 오래 했다는 것만으로는 존경받기 어렵다. 어떤 책으로 얼마나 팔아봤느냐가 그 편집장의 가치를 증명해주는 시대라는 것은 부정할 수 없는 현실이다. 문장 하나하나를 이리저리 바꿔가며 가다듬고 매만져야 할 필요성도 사라졌다. 아무리 공들여 만든다 해도 판매가 반드시 따라주는 것도, 오래 팔리는 것도 아니다. 뚝딱 만들어 잘 팔리는 책이야말로 효자상품, 가성비 높은 기획자이다. 오자 한두 개 따위에 잔소리해대는 편집장이 너무 시대에 뒤떨어져 보이는 건 아닐까.

그럼에도 불구하고 숱한 고난과 역경을 지나오면서 자리를 유지하고 있는 편집장의 효용성은 매우 높다. 편집일이라는 것이 변수가 많고, 일의 범위는 넓고, 경험에 의거하는 비중이 높기 때문에 선배의 뒤를 제대로 따라가는 것만으로도 업무의 많은 부분을 손쉽게 익힐 수 있으며, 불필요한 실수를 줄일 수 있다. 아쉽게도, 직장생활이 꽤 흐른 뒤에서야 깨달을 수 있는 것이 바로 선배(상사)와의 관계의 중요성이다.

특히 신입 때 만난 선배와의 관계는 중요하다. 긴 직장생활의 훌륭한 멘토가 되어줄 수 있기 때문이다. 언제까지 편집장보다 네이버 검색을 더 든든한 멘토라고 느낄 것인가!

이제 여러분 앞에 놓인 편집장, 까칠하다고 멀리 하지 말고 활용하자. 여러분이 고까웠던 만큼, 선배의 어깨 위에 올라서 더 멋지고 성격 좋고 후덕하고 후배들을 아끼는 편집장이 되면 된다. 이 책을 통해 다들 훌륭한 편집장으로 거듭날 때까지 지치지 않고, 흔들리지 않고 나아가길 바란다.

기획을 위한
편집자의
독서법

　이 책을 읽는 독자에게는 아무래도 세부적이고 구체적인, 실무와 관련된 내용이 담기는 게 좋을 것이다. 그렇다. 편집장의 마음이 사실은 이렇고 저렇다고 목 아프게 이야기해도 막상 우리 회사에서 그리고 자신의 입장에서 적용할 수 없다면, 다 무슨 소용이랴. 돌이켜 생각해보면, 과거의 나는 『기획회의』에 실린 선배, 동료, 후배들의 글에서 많은 도움을 받았다. 때로는 소소한 실무관련 팁이기도 했고 때로는 출판시장 전체를 바라보는 넓은 안목이기도 했다. 돌이켜보면 그럼에도 불구하고 그걸 '얻었다'고 말할 수 있는 가장 큰 이유는 나의 절박함이었다고 생각한다. 누군가 나보다 일 잘하는 사람, 다양한 경험을 가진 사람, 나보다 넓게, 깊게 보는 사람의 조언이 절실했다. 이 글 또한 절박한 누군가에게 일말이라도 도움이 되길 바라는 마음이다.

편집자들의 독서에 대한 이야기를 해볼까 한다

기본적으로 편집자라면, 편집자가 되기 전부터 이런저런 책들을 읽어왔을테고 어떤 출판사가 어떤 책을 출간하는지, 분야별 유명저자는 누구이며, 이 책은 대략 몇 부나 팔렸는지에 대해서는 다 알 것이라고, 편집장들은 믿는다(그걸 탓하지는 마라. 기대라도 가져야 할 것 아닌가). 그러나 알다시피 꼭 그렇지는 않은 게 현실이다. 면접 때면 많은 신입지원자들은 본인의 독서량을 자랑한다. 심지어 자신의 독서 리스트나 서평을 이력서와 함께 보내주는 열성파도 있다. 그러나 전체 출판시장의 관점에서 보자면 그 독서범주는 협소하고, 스타일은 편협할 뿐이다. 물론 책을 많이 읽었다고 해서, 유명저자들의 일거수일투족을 꿰고 있다고 해서 좋은 기획자, 편집자가 되는 것은 아니다. 그러니 우리들도 편집자가 될 수 있었던 것 아닐까?(매우 다행스럽고 탁월한 선택이었다고 생각한다).

하지만 편집자가 된 이후는 다른 문제이다. 업무는 취향이 아니다. 자신이 꼭 만들고 싶었던 책만을 펴내는 출판사에 입사한, 그야말로 딱 맞아떨어진 경우가 아니라면 편집자의 독서록은 수정되어야 한다. 자신의 성향만을 고집한다면 실력 있는 편집자는 될 수 없을뿐더러 편집장에게 짐 하나를 던져 주는 꼴이다. 편집장은 여러분이 그동안 읽어온 책들을 보고 감탄해서 뽑았다기보다는, 그것을 바탕으로 앞으로 출판사의 방향에 맞는 책을 읽으면서 기획을 해나갈 수 있을 거라는 믿음에서 뽑았을 가능성이 크다. 물론 자신의 독서를 완전히 갈아엎으라는 것은 아니다(가능하지도 않고). 편집자로서 최소한 자신이 만드는 분야의 책들을 위한 전략적 독서가 필요하다는 것이다. 그렇다면 가장 효율적인 방법은 무엇일까?

첫째, 한 달에 한 권 베스트셀러를 읽어라

편집자A. 깐깐하고 고급스런 독서취향을 자랑한다. 소설이나 고급인문서 외의 책은 잘 읽지 않는다. 자기계발서는 코웃음치고, 실용서는 비웃는다. 모름지기 편집자라면 소설이나 인문서를 만들어야 한다고 믿는다. 그러나 입사한 출판사는 종합출판이긴 하지만 주로 경제경영과 실용이 주력이다. 그래서 괴롭다. 해결법은? 1. 이직한다, 2. 이직하지 않겠다면 대중서와 친해져야 한다. 종합 베스트셀러 중 눈에 띄는 책 정도는 읽어두는 습관을 가져야 한다는 말이다. 사실 베스트셀러 도서는 의외로 편집자들의 관심 밖이다. 대부분 지극히 대중적인 도서가 많아, 까다로운 편집자들의 눈에는 차지 않는다. 도대체 왜 나가는지 이해할 수 없다는 말이 대부분이다. 하지만 과연 그렇기만 할까? 베스트셀러야말로 출판 트렌드를 읽고, 독자들이 왜 이 책을 선택한 것인지에 대해 고민해 볼 수 있는 좋은 기준이 된다. 인터넷 서점 베스트 리스트만 보면 분석할 수 있을 거라고 오버하지는 말자. 읽는 것과 표지만 훑어보는 건 꽤 차이가 크다. 많이도 말고, 딱 한 달에 한 권씩만 챙겨 읽다보면 1, 2년 뒤에는 대중적인 눈높이에 대해 가늠하는 자신만의 노하우를 가질 수 있을 것이다. 여유가 된다면 이것에 대해 기록해 두는 것도 좋겠다. 읽을 책을 고르기 위해서라도 대형서점 종합 베스트를 훑어보는 습관이 생기는 것은 덤이다. 매달 분야를 바꿔가며 책을 선택하면 더 좋다. 단, 갑자기 베스트가 되었다가 사라지는 책은 금물.

둘째, 출판하는 분야에 대한 기본서를 독파하라

편집자B. 과학책을 내는 출판사에 얼마 전 입사했다. 책 편집은 흥미로운 것 같지만, 솔직히 과학책은 재미없고 어렵다. 뼛속까지 문과생이라 자부하며 과학책은 자발적으로 읽어본 기억이 없다. 해결법은?

1. 이직한다, 2. 이직이나 퇴사할 생각이 아니라면 적극적

으로 그 분야의 도서를 독파할 필요가 있다. 처음이니까 모르는 게 당연하다고 이해해 주는 것은 1년 정도이다. 그 후에도 여전히 출간하는 책이나 분야에 대해 모르쇠로 일관한다면 능력이 없거나 게으르거나 둘 중 하나로 결정된다.

어느 분야나 그 분야의 대표적인 책이 있다. 일명 스테디셀러 또는 고전. 예를 들면 과학 분야의 엄청난 스테디셀러는 『이기적 유전자』, 『코스모스』이다. 이런 책들을 잘 리스트 업하고, 한 권씩 독파해 나간다. 독서록이 한 줄씩 채워질 때마다 환희를 부르게 될 것이다. 분량이 많다면 혹은 이해할 수 없는 부분이 있다면 스킵해가면서 읽어도 좋다. 해당 분야의 저자 리스트는 인터넷 서점에 의존하지 말고 내 손으로 잘 정리해두자. 정리하다 보면 외워진다. 해외저자가 많은 출판사일수록 특히 이 방법을 추천한다. 그러나 이 방법 역시 한두 달 만에 눈에 띄는 성과를 내거나 편집장의 칭찬을 들을 수는 없다. 그러나 이렇게 1년이 지나면 이렇게 실행한 사람과 안 한 사람의 격차는 크게 벌어진다.

얼마 지나지 않아 저자를 만날 때, 번역자를 만났을 때 이런 지식은 반드시 써먹을 수 있고, 그리고 써먹을 수 있을 때야 비로소 저자와 '기획'을 논할 수 있다.

편집자를 위한 출판수업

셋째, 만들고 있는 책의 유사도서를 섭렵하라

편집자C. 고고학자 브라이언 페이건이 동물과 인간의 관계에 대해 쓴 인문서를 편집 중이다. 원고 매수는 1,600매가 넘는다. 미주까지 합하면 책으로 만들어서 400쪽이 훌쩍 넘을 듯하다. 페이건이라는 저자도 낯선 데다 지금까지 고고학이나 무거운 인문서는 몇 권 읽어보지도 않았다. 난감하고 답답하다. 해결법은?

1. 대충 만든다, 2. 한 권의 책을 만지는 시간은 대략 2-3달. 1년에 4권의 책을 편집한다고 할 때 한 사람의 편집자가 10년 동안 쉬지 않고 출판사에 근무한다고 해도 직접 만들 수 있는 책은 고작 40여 권뿐이다(10년이 지나면 대부분 관리자가 되기 때문에 직접 만든다고는 할 수 없다). 1년에 수만 종이 출판되는 걸 생각하면 엄청나게 적은 숫자이다. 이렇게 소중한 한 권을 대충 만들어버린다는 건 본인의 인생이나 회사에 큰 손해이고, 낭비이다.

특별한 경우가 아니면 보통 다음번에 자신이 어떤 책을 만들게 될지는 연간 출간계획표를 통해서나 회의를 거치면서 미리 알 수 있다. 그러므로 그 저자의 다른 책이나 유사도서를, 편집을 시작하기 전에 반드시 구입해서 읽어볼 필요가 있다. 최소 3권에서 5권 정도가 좋다(이 부분은 자비부담이 어려우니 회사에 강력하게 요청해야 한다). 그렇다고 근무시간에 그 책을 읽고 있으면 밉상 직원이 될 수 있다. 출퇴근 전철 정도가 가장 좋은 장소이다. 다른 책과 비교를 하다 보면 원고의 강점을 어떻게 살릴지, 저자가 먼저 썼던 책과 어떻게 차별화할지 궁리를 하게 된다. 그 책에 대해 고민하고 궁리하는 시간이 많으면 많을수록 어쨌든 책을 '잘' 만들게 된다. 이런 귀찮은 독서가 그 책만을 만들기 위한 것은 아니다. 이런 방식이 쌓이고 쌓이는 '그때'가 되면 일일이 이렇게 하지 않아도 '이루어지는' 때가 올 것이다.

편집자들에게 독서는 때로 고통이다. '어쩌면 이렇게 기획을 잘 했을까'부터 '이 표지작업은 누가 디자인한 거지' '헛, 이런 곳에 오타를 내다니' '문장이 매끄럽지 않네' 등등 책에 몰입하기도 전에 이런저런 생각으로 머리가 복잡해진다. 어쩌면 편집자가 된 순간부터 우리는 독자로서의 기쁨을 빼앗겼는지도 모르겠다. 그렇다고 방법이 전혀 없는 것은 아니다. 그것은 익히 다들 아는 것처럼, 자신이 만드는 책의 가장 열혈독자가 되는 것이다(다른 책 두리번거리지 말고 만드는 책이라도 꼼꼼히 읽자!).

애정과 관심을 가지고 기획한 책과 마지못해 진행한 책의 형태는 꽤 다르다(판매까지 다르다면 얼마나 좋으련만 시장은 아직 그렇게 정의롭지 않다). 물론 편집에 '완성'은 없다. 그럼에도 조금씩 완성에 다가가고 있다는 느낌이 희열을 준다. 나는 편집자야말로 자기만족에 사는 인종이라 믿는다. 무엇보다 책을 잘 만들면 본인이 느끼는 만족이 가장 크다. 그래서 마감 때면 번번이 자진 야근을 하고, 못 따라오는 디자이너에게 상처를 주며, 만족하지 못하는 제목 때문에 잠자리에서 뒤척인다. 누군가 알아주거나 대가를 바라는 성격이라면 편집일과는 맞지 않을 수도 있겠다.

다음번에는 정말 내 마음에 꼭 드는 책을 만들고야 말겠다는 마음으로 나는 오늘도 책 한 권을 마무리한다.

우리,
대화 좀
하자고

편집부장 17년 차. 아, 18년 차인가 기억마저 가물가물하다

　때론 '주간'으로 때론 '실장'으로 불리기도 했으나, 하는 일은 '편집부장' 언저리를 벗어나지 못한 지 이만큼이나 되었다. 어떤 후배는 "선배는 너무 오래 편집부장을 해서, 후배들의 마음을 모른다"고도 하던데, 이건 칭찬인지, 욕인지… 하여튼 예전에는 편집부장이 사장 바로 아래, 직원들이 승진할 수 있는 최고의 위치였다(그러나 다른 말로 바꿔보면, 그이상의 승진은 무리, 아쉬우면 창업하라는 말이기도 하다). 최근에는 출판사들의 규모도 커지고, 보다 체계적인 조직을 이루기 위해서인지 '본부장'이나, '편집이사'처럼 폼나고 화려한 직함들도 많아졌다. 편집부장에서 위로 더 승진할 수 있다는 건, 출판사 내에서 편집업무 외에 보다 확장된 역할을 담당할 수 있다는 점에서 고무적인 일이다. 최근 편집주간이

었던 후배가 전무로 승진했다는 소식을 들었다. 하는 일은 거기서 거기라고 겸손해했지만 자리가 사람을 만든다고, 아무래도 업무를 바라보는 각도나 의사결정방식도 한 수 높아지리라 본다.

여하튼, 만년 부장의 서러움은 일단 뒤로 하고… 이번에 이야기하려는 주제는 편집부장을 포함한, 편집주간, 본부장 등 편집업무의 최고 책임자들과 소통하는 법이다. 넓게 보면 '상사와의 대화법'이라고 할 수도 있겠다. 아, 그 전에 미리 말해두어야 할 것이 있다.

편집부장을 오래하다 보면 신입 시절이 아득하다. 그사이 업무환경은 얼마나 바뀌었는가. 당연히 어쩔 수 없는 차이가 존재한다. 개인적으로는 앞으로의 직장생활에서 세대차이가 큰 문제가 될 거라고 생각하는데, 그 이유는 시대가 너무 빠르게 바뀌기 때문이다. 그러다보니 소통이 안 된다. 사용언어가 다를 뿐 아니라 문화나 정서적 차이도 크다. 내가 처음 출판사 생활을 시작했을 때만 해도 편집부장이 일해 왔던 방식과 내가 일하는 방식이 크게 다르지 않았다. 똑같이 조판 작업을 했고, 같은 원칙으로 교정교열을 봤고, 저자와 소통했다. '와리스케' '미다시' '하시라' '스리지' 등의 낯선 용어를 외우느라 고생했던 기억도 난다.

그러나 지금은 5년만 지나면 업무환경이 크게 달라지기 때문에 상사에게 모든 것을 배울 수는 없는 시대가 되었다. 가장 크게는 편집에 사용되는 툴만 해도 조판 ⇨ 전사 ⇨ 한글 ⇨ 맥킨토시 ⇨ 인디자인으로 바뀌지 않았는가(그러므로 편집부장과 인디자인 툴에 대해 심오하게 논하지 않는 게 좋다). 또 당시에는 저자에게 문자를 보내는 것은 예의 없는 행동이었다. 반드시 교정지를 출력해서 음료수 사서 찾아뵙는 게 일반적이었다.... 오호통재라, 카카오톡으로 업무의 대부분을 해결하는 이 시대에 이런 이야기를 하려니 정말 구한말 얘기 같아서 여기까지만.

그렇다면 그리 오래전이 아닌 10여 년 전에는 어땠을까? 그때만 해도 저자는 물론 역자, 외주자, 디자이너까지 반드시 만나서 미팅을 하고, 책 진행에 대해 이런저런 상의를 했지만 요즘에는 쉽게 생략된다. 근무시간을 마친 후에 뭉쳐서 술 한 잔을 기울이는 것까지는 언감생심이다. 그러다보니 신입들로서는 외주자들과 소통하는 데 어려움을 느낄 수밖에 없고 쉽게 상처받거나 금방 포기한다. 얼굴보지 않고 전화로만 이야기하면서 모든 일이 착착 생각대로 된다면야 얼마나 좋으랴만 세상일이 그리 호락하지는 않은 게 문제이다.

편집자를 위한 출판수업

그러므로 대화를 시작하기 위해서는 편집부장이 나와 다른 환경에서 일해 온 사람이라는 사실을 인정하는 것이 첫 번째이다.

첫 번째 조언, 할까 말까 한다면 하는 게 옳다

점심시간이 다 되었는데 매번 약속이 있던 부장님이 자리에서 일어날 줄 모른다. 오늘은 약속이 없는 걸까? 설마... 그래도 식사 안 하시냐고 한번 물어볼까? 에이, 웬 오지랖, 그냥 나가자. 어련히 알아서 먹겠지.

이런 경우 정말 많다. 점심시간뿐 아니라 먼저 퇴근할 때, 혹은 뭔가 머리 스타일이 달라져서 한마디 하고 싶을 때도 마찬가지이다. 할까 말까 망설이다가 말기보다는 "부장님, 같이 식사하실래요?" "저 먼저 퇴근해도 될까요?" "오늘 뭔가 분위기 좋아보여요." 등등의 멘트를 건네 보자. 챙겨주는데 마다할 사람 없다. 이런 대화는 보이지 않게 서로를 친근하게 만든다. 인간에 대한 기본 배려라고 할 수도 있다. 뻔한 멘트라고 치부하기에는 장기적인 면에서 효과가 꽤 크다.

두 번째 조언, 모두 다 알 거라는 건 착각이다

별말 없다가 면담 때면 꼭 폭탄선언하는 직원들이 있다.

그러면서 이렇게 말하며 원망의 눈초리를 보낸다.

"다 아시는 줄 알았죠."

무슨… 편집부장이라고 다 알 수 있으면 얼마나 좋겠냐만, 일도 그렇고 인간관계도 그렇고 절대 그렇지 않다. 말을 해줘야 알지. 편집부장이 되면 무슨 독심술이라도 생기는 건가? 편집부장이 다 알 거라고 생각하고 지레짐작해서 혼자 결론내고 혼자 상처받지는 말자. 편집부의 업무 특성상 조용한 성격의 직원들이 많은 건 사실이지만 이런 일이 반복되다 보니 나 역시 수다스런 직원을 좋아하게 되었다. 인간은 커뮤니케이션의 동물이다. 부디 말 좀 하고 살자.

세 번째 조언, 대화는 리액션이다

"어머, 김 대리 오늘 패션 좋으네?" "아, 네. 뭐…"

분위기 썰렁~

부장님이 너무 어려워서 어떻게 반응해야할지 모르겠다고? 한때는 그 말이 진실이라고 여겼으나 요즘 돌아가는 세태를 보면, 꼭 그렇지도 않은 듯싶다. 더 이상 대화가 진행되어 사생활이 노출되는 걸 미리 차단하고 싶은지도 모르겠다. 하지만 이런 멘트는 정말 패션이 좋아서 말을 건넨 것일 수도 있지만 가까워지고 싶어서이기도 하다. 편집부장이라고 절대 업무 얘기만 하고 싶은 건 아니다. 그러나 모든 대화가 "네" 또는 "그러죠 뭐…"에서 마무리된다면 그다음에는 말을 걸고 싶어도 걸기 힘들다. 대화는 모름지기 리액션 아닌가. 설사 자신의 삶을 회사에 오픈 하고 싶지는 않더라도 어느 정도는 상사의 말에 리액션 좀 해주자. 많은 시간을 함께 보내는 동료에 대한 최소한의 예의 정도에서라도. 게다가 말을 거는 것보다는 대답하는 게 더 쉽지 않은가.

네 번째 조언, 사과에 강해져라

힘들게 마무리한 책의 가제본이 도착했다. "어머, 잘나왔네. 고생했어." 동료들의 덕담이 이어진다. 흠, 그래, 다시 봐도 뿌듯하다. 그런데 그 순간 편집부장의 외마디 비명과 함께 까칠한 목소리가 날아온다.

"이봐. 이거 표4에 오타 났잖아! 교정을 뭘 본 거야?"

그리고 편집부에 날아든 침묵.

담당자도 할 말은 많겠지. 확인해서 디자이너에게 수정하라고 전달했는데 디자이너가 놓친 거다 또는 담당편집자이긴 하지만 부장님이 최종으로 확인한 거 아니냐, 그도 아니면 뭐, 그냥 읽으면 웬만한 독자들은 알아내지도 못하겠다는 등. 게다가 아무리 오타가 났다 해도 그렇지 직원들 다 있는 앞에서 그렇게 면박을 줄 수 있는 걸까 하는 마음에 불끈한다.

편집부장도 마찬가지다. 다시 인쇄를 해야 하나 말아야 하나. 비용은 얼마나 추가될까, 마케팅부에 출간일정 연기에 대해 뭐라고 변명해야 하나.

이 모든 상황을 빨리, 잘 마무리하는 길은 단 한마디. "죄송합니다. 앞으로 주의하겠습니다."

편집부장이라고 담당자의 생각을 모를 리 없다. 표지에 오타 한 번 안 내고 부장자리에 오른 이는 없으니까. 그러나 대부분의 담당자들은 억울하다는 듯 입을 꾹 다물고 뚱한 표정만 짓는다. 그러니 편집부장의 목소리는 더 까칠해질밖에. 사고 쳤다면 대놓고 사과하자. 마무리가 깔끔해진다.

다섯 번째 조언, 절약의 마인드로 접근한다

"이거 디자이너에게 퀵 보낼게요."

"뭐? 디자이너가 일산 살잖아?"

"그럼 어떡해요. 급한데."

물론 급한 일은 많다. 그렇다고 일산까지 퀵을 아무렇지도 않게 부르려는 강심장은 편집부장에게 허락되지는 않는다. 하루만 서둘렀으면 택배로 가능한 거 아닌가 하는 생각이 들 수밖에. 아무리 자기살림 아니라 해도 근검절약은 뼈에 새겨진 삶의 방식이다. 회삿돈이라고 아무렇지도 않게 비용을 쓰는 것은 서로를 불편하게 만든다. 일단 비용을 줄일 수 있는 방식을 먼저 찾아보는 직원에게 마음이 더 가는 게 인지상정 아닐지.

여섯 번째 조언, 마감과 매출에 대해 잊지 않는다

이번 달 출간목표 2종.

"제목안 정리해서 줘."

"아직 고민 중인데요?"

"뭐, 아직?"

목소리 커진다.

10일 현재, 도서의 제목이 확정이 안 되었다면 그달 출간은 어렵다. 20일 현재, 표지가 완료되지 않았다면 그달 출간은 어렵다. 돌아서면 금요일이고, 돌아서면 월말이 코앞인 요즘 출판계의 시계를, 편집부장의 눈에는 뻔히 보이는데, 왜 담당자에게는 안 보일까. 그러니 담당자에게 편집부장은 언제나 성질부리는 사람으로 보일 수밖에. 게다가 이번 달 목표는 '이달 내'에 마쳐야하는 것이지, 이달 '말일'에 완료하라는 소리는 아님에도, 매번 판권의 날짜는 말일이다. 월초 회의에서는 멀쩡하던 출간 일정이 중순을 넘어서면 자꾸 밀리기만 한다. 그러면서도 휴가 계획은 착착 잘 짜는 걸 보는 편집부장의 속은 들끓기만 한다. 마케팅부에서 '편집부는 늘 그렇다'는 소리를 듣는 것도 신물 난다. 마감 그리고 목표를 어떻게든 완수하려는 치열한 의식을 가지고 있다면 편집부장과의 대화는 훨씬 따사로울 것이다.

구구절절 늘어놓자면 끝도 한도 없을 듯해 여기에서 정리한다. 출판사의 수만큼 다양한 사례가 있겠지만, 적어도 몇 가지 원칙 -편집장도 대화가 필요하다, 편집장의 취미는 업무대화가 아니다, 대화의 기본은 배려에서 시작한다- 만 숙지해도 언제나 즐겁게 이야기 나눌 수 있는 상사를 가진 즐거움을 누릴 수 있을 것이다. 관계는 상대적이다. 내가 먼저 잘, 시작해야 한다.

나는 늘
저자를 만나러
가는 중이다

　막연하게 편집자를 꿈꾸던 시절에는 편집자가 되면 그야
말로 기라성 같은 저자와 함께 일할 수 있을 줄 알았다. 훌
륭한 소설가와 작업 중인 책에 대해 이야기를 나누고 열띤
토론을 하고 가끔은 술도 마실 수 있을 테지. 그동안 읽어온
그의 소설에 대해 날카로운 지적을 하고… 그는 분명 감탄할
거야. 아, 그러다가 사랑에라도 빠지게 되면? 이런 불필요한
상상이 꼬리에 꼬리를 물고 이어질 무렵 내가 입사한 곳은
대학교재 출판사였다. 핸섬하지도 그리 친절하지도 않은 교
수님들을 그것도 가끔씩만 만나면서 출판사와 저자의 관계
에 대해 배웠고, 단행본 출판사에서라면 나의 로망이 실현되
리라 또 다른 꿈을 꾸었던 것 같다.

　하지만 20년 넘게 출판 편집자로 지내면서 내가 만나본

'기라성' 같은 저자는 손에 꼽는다. 게다가 그들과의 작업이 딱히 흥미진진했던 것도 아니었다. 오히려 일류 저자들의 눈높이에 맞추느라 몹시 힘들었던 기억이 대부분이다. 회사의 기대가 큰 만큼 혹시 나 때문에 책 출간에 문제나 생기지 않을까 부담스럽기만 했다. 나와 같은 꿈을 꾸고 있는 신입편집자들에게는 기운 빠지는 말이겠지만, 누구나 이름만 대면 알 만한 저자란 전체 출판에서 1%도 되지 않는다. 편집자로 일하는 동안 한 번 만나기도 힘들다는 말이다.

출판사 수는 많고 유명저자는 적으니 이미 이 출판사 저 출판사에 다 원고계약이 되어 있다. 파워 있는 저자를 다른 곳에 빼앗기지 않으려는 출판사들의 몸부림도 거세다. 연락처는커녕 이메일 주소도 알려주지 않는다. 출판사에 입사해서 계약 리스트에서 본 저자의 원고를 퇴사할 때까지 구경도 못하고, 이직한 출판사에서 다시 계약목록에서 발견하게 되는 일은 비일비재하다. 문제는 이것이 '기라성' 같은 저자에게만 해당되는 것은 아니라는 거다. 조금만 뜬다 싶은 저자에게도 줄줄이 사탕만큼 원고계약이 되어 있다. 원고청탁을 위해 이리저리 전화를 돌리다 보면 '아니, 이분이 그렇게 유명했어?' 다시 확인하게 되곤 한다. 그래서 국내 출판사들은 늘 원고에 목마르다. 이쯤 되면 '차라리 내가 쓰고 말겠어' 하는 탄식이 나오기도 한다. 우연히 발견한 멋진 칼럼리스트나, 방송에 몇 번 출연한 예비저자의 전화번호를 알아내기 위해 힘써보지만 녹록치 않다. 물론 그렇게 힘들게 알아낸 메일 주소로 장문의 메일을 보내 본들 묵묵부답이 대부분이라 나중에는 짧은 거절 메일에도 감동할 정도다.

이번 주제는 '어떻게 하면 국내 유명저자들과 만날 수 있을까'인데, 내놓을 만한 경력이 없는 나로서는 할 수 있는 얘기가 많지 않다. 그래서 조금 방향을 틀어 편집자와 저자는 어떤 관계인지, 어떻게 저자를 발견하는가에 대한 이야기해 보고 싶다.

앞에서도 말했듯이 넓디넓은 출판 전체에서 유명저자가 차지하는 비중은 생각보다 크지 않다. 출판시장을 움직이는 것은 보이지 않는 수많은 평범한 저자들이다. 유명저자를 이 출판사 저 출판사가 서로 빼앗는데 공력을 들이기보다는 새로운 저자를 발굴하는 데 더 관심을 가져야 하는 이유이다. 특히 최근 들어 작가의 유명세는 예전만 못하다. 출간만 되면 바로 베스트에 올랐던 저자들의 판매부수가 크게 줄었고 오히려 신생출판사에서 나온 무명저자들이 선전하고 있다. 영미권에는 저자의 첫 책이 흥행돌풍을 일으키는 일이 비일비재하다.

가끔 직원들과 기획회의를 진행하다 보면
이런 기획안이 나올 때가 많다

1. 정재승 박사가 청소년에게 들려주는 글

2. 공지영의 여행 에세이

3. 이병률 작가와 함께하는 글쓰기 비법

등등.

이를테면 유명작가와 뭔가를 해보자는 것인데, 이런 것은 기획이라고 보기 어렵다. 그저 유명작가의 이름을 빌려 기획회의 시간을 때워 보자는 공허한 기획서일뿐이다.

물론 유명저자와 일하면서 파워 있는 저자의 글을 살펴보고 이야기를 나눌 수 있고 출간 이후 다양한 마케팅을 경험할 수 있다는 것은 편집자에게 굉장히 큰 자산이다. 각종 매체에 광고는 물론이고, 저자 강연, 인터뷰, 방송출연 등 다양한 노출을 통해 책판매가 상승하는 것을 보며 빅타이틀의 흐름을 배울 수 있기 때문이다. 또 큰 저자를 내하는 방법도 터득하게 되므로, 다음번에 저자를 섭외하거나 책을 만들 때 도움이 된다. 그러므로 무조건 큰 저자라고 해서 주눅 들거나 지레 움츠

러들어 연락을 포기하는 것도 말이 안 된다. 유명저자라고 해서 다 건방진 것도 아니고, 새내기 편집자가 보낸 메일에 감동하여 원고계약을 했다는 믿거나 말거나 한 사례도 왕왕 있으니 말이다. 다만 유명저자와의 작업은 자신이 속한 출판사의 환경이나, 기획 등 모든 것이 맞아떨어져야 하는 일이기 때문에 편집자들이 유명저자, 베스트 저자에게 목매기보다는 새로운 저자를 발견하고 만들어가는 재미와 보람을 더 느껴보길 바란다. 내가 들었거나 경험한 몇 가지 사례를 정리해봤다.

[사례 1]

예전에는 수기형 에세이가 인기가 많았다. 가난과 어려움을 극복하고 성공한 이야기 말이다. 어려움 속에 서울대를 합격한 A의 이야기를 기사로 접한 편집자 B는 책으로 만들면 좋겠다는 생각에 A를 만나 작업을 시작했고 감동적인 책으로 만들어냈다. 책은 공전의 히트를 쳤고 A는 사회적으로도 큰 인지도를 가지게 되었다. 당시 B는 저자와 편집자로서의 관계 외에도 친한 누나로서 좋은 멘토가 되어주었고 A가 대학을 졸업하고 다시 사시공부를 시작해 변호사가 될 때까지도 돈독한 관계를 유지했다.

→ 저자와 편집자가 그저 '일'로만 엮여서는 좋은 시너지가 나기 힘들다. B가 책이 출간된 후, '일'이 끝났다고만 여겼다면 책은 빅셀러까지 되지 않았을 수도 있다. 특히 자기의 이야기

가 담긴 책일 경우, 저자와 편집자는 서로를 이해하는 동반자가 되어야 한다. 메일이나 문자만으로 좋은 저자를 찾을 수는 없다. 저자도 사람이기 때문이다.

[사례 2]

유명 소설가 J씨는 자신의 첫 책을 편집해준 편집자를 유난히 따른다. 그래서 그 편집자가 이직할 때마다 J씨도 따라서 출판사를 옮겼다. 사실 소설가 J씨 말고도 이런 저자는 출판계에 꽤 있다. 왜 저자가 대표도 아니고 편집자를 따라 출판사를 옮기는 걸까?
→ 왜냐하면 편집자는 최초의 독자이기도 하다. 저자는 자신의 원고를 성의껏 읽어주고 피드백해주고, 조언해주고 격려해주기를 바란다. 저자에게서 익은 열매만 따먹으려고 한다면 좋은 원고를 만나기도 어렵고 한 번 이상의 작업도 힘들다. 저자의 원고 완성에 최선을 다해 협력하는 것이 저자를 만나는 첫 번째 키워드이다.

[사례 3]

출판사C는 출간된 책의 90%가 저자의 첫 책이다. 저자의 대부분이 출판사 대표의 지인이나 선후배, 그간 함께 일한 저자에게서 추천받은 인물이다. 이들은 자신들이 해왔던 업무나,

관심사를 바탕으로 해서 원고를 쓴다. 처음 책을 내는 사람들이니만큼 진척은 더디고 힘들지만 함께 책을 만들어간다는 면에서 보람이 크다. 이런 저자들 중에서 대박은 아니더라도 꾸준히 책이 판매되고, 가끔 베스트가 터지면 기쁨이 더욱 크다.

→ 우리 주변에는 잠재 저자들이 매우 많다. 다만 엄두를 못낼 뿐인 경우가 대부분이다. 이들을 잘 설득해서 자신이 그간 해왔던, 관심 가져 왔던 소재에 대해 풀어놓게 하는 것이 편집자의 실력이다. 옆에서 오래 지켜보았던 친구, 내 보험을 관리해주는 FC, 헬스클럽에서 만난 트레이너, 자주 들락거리던 요리 블로그나 카페의 주인장 누구나 저자가 될 수 있다. 특히 요즘은 독자들의 눈높이에서 알기 쉽게 이야기해주는 저자가 각광받는 시대이다. 저자에 대한 눈높이를 너무 높게 가질 필요는 없다.

[사례 4]

종종 독자투고가 출판사로 날아든다. 10에 8은 출판사와 방향이 안 맞거나 원고기획이 기본이 안 된 원고들이라 대부분의 출판사들은 그냥 삭제하거나 받아둘 뿐이다. 그러나 편집자 L씨는 늘 조금이라도 읽어보고 반드시 거절 이유를 간단히 적어 답변을 보냈다. 투고자들은 이런 L씨의 답장에 감사해 하며 '답신을 준 출판사가 처음'이라며 감사의 편지를 보내거나 L씨의 조언에 맞추어 수정원고를 보내기도 했다. 그러다 L씨는 아동용 수학동화 원고를 발견했는데 저자는 지방의 초등학교 교사였고, 책을 낸 경험도 없었다. 저자에게 메일을 보내 이런저런 수정방향을 이야기하고 아주 오랜 시간이 걸려 새롭게 완성된 원고로 탄생시켰다. 이 책은 꾸준히 판매되어 10만부를 넘겼다.

→ 투고원고는 편집자들에게 골칫거리이다. 1%의 가능성만으로 그 많은 원고를 읽기는 그야말로 가성비가 나오지 않는 일이기 때문이다(그런 의미에서 맨 앞장에 요약본을 실어주는 매너는 꼭 필요하다). 그러나 독자투고는 숨은 저자들을 찾아낼 수 있는 좋은 루트이다. 설사 그 원고의 콘셉트가 아니라 하더라도 글쓰기가 남다르다면 다른 원고를 청탁할 수도 있다.

좋은 저자의 발굴은 어디서 감처럼 뚝 떨어지는 건 아니다. 화려한 기획서만으로 섭외할 수 있는 대상은 더더욱 아니다. 편집자의 역할에서 '책편집' 자체의 의미가 약화된 지금, 저자와 원고의 발굴은 매우 중요하다. 저자와 어떤 책을 낼 것인가가 국내 기획서를 만드는 출판사로서는 가장 우선시되어야 한다. 어찌 보면 편집자가 된다는 건, 나 이외의 모든 사람들을 예비저자로 바라보게 되는 일이다. 그런 의미에서 나는 늘 예비저자를 만나러 가고 있는 중인지도 모르겠다.

05

후배 편집자
어떻게, 잘
가르쳐야 할까?

이 질문은 직급을 가진 편집자가 된 이후 지속해온 것이다. 그만큼 정답이 없다는 말이 아닐지. 특히 최근 나의 상황은 신입 편집자들과 일해야 하는 터라, 이들이 최대한 빨리 자기 몫을 해낼 수 있도록 하는 비법이 있으면 거한 저녁이라도 사고 싶은 마음이다. 대부분의 출판사에서는 편집장 아래 적어도 한둘의 경력자가 있고, 신입이 들어오면 경력자 선배들의 어깨너머로 조금씩 일을 배우는 과정을 거치기 때문에 편집장으로서는 편집실무 전수보다는 정서적인 부분이나 조직관리에 더 신경을 쓰는 게 일반적이다.

나름 노하우를 가졌다는 편집장 A를 만나 물어보았다.

"도대체 어떻게 가르쳐야 잘 가르치는 선배인 거냐?"

"일단 맡겨. 자기 책이라는 책임감을 느껴야 잘 만들고 싶어지지. 좌충우돌하면서 배워야 빨리 배우기도 하고. 언제 출간되어야 한다는 일정정도만 알려주면 돼. 그러면 알아서 야근도 하고, 일정조절도 할걸?"

흠. 일리 있는 말이다. 편집자들이야말로 누가 뭐라 하지 않아도 자신들이 알아서 고치고 또 고치고 만지고 또 다듬는 족속이 아니던가. A의 조언에 따라 나는 의기충천하여 비교적 분량이 적고 말랑한 번역원고를 입사 6개월된 신입에게 넘겼다. 국문과 출신이니 교정은 기본으로 볼 것이고, 그동안 출판관련 강좌도 많이 들었다고 하니 책으로 만들기 위해 거쳐야 하는 기본 프로세스는 알고 있으리라 여겼다. 출간 일정에 맞춰 역으로 일자 계산을 한 후 PC 교정 마감일을 알려달라고 하자, 아니나 다를까 신입은 야근에 돌입했다. 아무리 말랑한 원고라도 해도 신입에게 그 벽은 높고도 두터울 테니 당연한 일. 그러나 내가 좌절하기까지는 그리 오래 걸리지 않았다.

번역 문장을 고치는 것까지는 좋았지만 방향이 설정되지 않아서인지 원고의 흐름을 잡지 못하는 게 역력했다. 샘플로 1장을 다시 고쳐주면서 그 방향으로 나머지를 고쳐보라 했지만 쉽지 않은 작업이었고, 내가 다른 책을 마감하는 시간 동안 그 원고는 고스란히 잠자는 바람에 일정을 훌쩍 넘겨 출간할 수밖에 없었다.

편집 실무는 책임감만으로는 해결되지 않는다. 원고의 방향 잡는 법, 전체 꼴을 어떻게 할 것인가에 대한 기본적인 배움이 없이는 원고가 산으로 갈 수도 있고, 책이 나온 후에도 미진함에 후회가 남는 경우가 많다. 아무리 편집담당자가 있다고는 해도 그 출판사에서 출간된 책의 최종 책임자가 편집장이라는 면에서 보자면 묵과할 수 없는 노릇이다.

이번 달로 출판계에 입문한 지 3년 차가 된 후배 B를 보며 생각에 잠길 때가 있다. '과연 나는 그동안 B에게 어떤 것을 가르친 걸까?' 직장생활 자체가 처음인 B에게 메일 쓰기, 품의서 작성에서부터 거래처에 전화하는 법, 외주자와의 소통법, 인쇄 감리 보는 법, 제목 잡는 요령, 각종 편집용어들, 외서계약 과정 등등 쓰다보면 한도 끝도 없지만 B는 아직 혼자서 책을 만들지는 못한다. 제대로 못 가르친 게 아닐까 자괴감이 밀려오기도 하고 뭔가 척척 해내는 같은 연차를 가진 후배를 둔 다른 출판사 친구가 부럽기도 하다.

이 업종은 선배의 업무 노하우를 절대적으로 배워야 한다는 치명적 약점을 가졌다. 혼자서 차곡차곡 실력을 키워나가야 하는 운동기술도 아니고, 자격증을 가지고 있다고 해서 단박에 인정받을 수 있는 분야도 아니다. 선배에게 물어가면서, 저자에게 배우면서, 거래처들과 일하면서 소통하면서 하나둘 깨치며 어느새 알게 되는 것이다. 그렇다고 해도 '완성'은 없는 게 이 일의 또 다른 매력이기도 하다.

이런 생각을 할 때면 초보시절을 떠올려 본다. 다행스럽게도 엄하면서도 원칙적인 선배와 함께 일했던 2년의 기간이 있었다. 어찌 보면 이때가 나의 유일한 '도제'기간이었다. 그 선배는 답답하리만치 원칙을 지키는 편집자라서, 나는 그 선배에게 잘 보이고 싶은 마음에 어쨌든 그 힘든 시절을 버텼다. 그다음부터는 좌충우돌, 어쨌든 해내야만 하는 미션이 내 앞에 놓였고 그걸 해결해 나가면서 조금씩 터득해나갔던 것 같다.

어느새 나는 선배가 되었고, 오늘도 후배들과 좌충우돌 중이기는 하지만 효과 있었던 몇 가지 방법을 두서없이 공유해보자면 이렇다.

1. 여유가 필요하다

어느 업종인들 한가할 수 있을까마는 요즘 출판사들은 항상 바쁘다. 이럴 때 왕초보 신입은 도움이 된다기보다는 오히려 방해물이 되기도 한다. 하나하나 알려주고 시키는 데 시간이 더 걸리기 때문에 그냥 '내가 하고 말지'라는 말이 절로 나온다. 신입을 키우기 위해서는 매출의 여유, 업무의 여유가 분명 필요하다. 이런 회사가 아니라면 신입을 뽑는 것이 서로에게 득이 되기는 힘들다. 경력자를 뽑기 힘든 요즘, 신입은 매력적인 대안이기는 하지만 장기적 투자로 접근해야 한다. 머지않아 신입은 배운 거 하나 없다고 불만이 생길 것이고, 편집부로서는 인원은 늘었는데 오히려 출간 종수는 줄었다는 안 좋은 평가만 듣게 될 가능성이 크다.

2. 공식적으로 교육시간을 정해둔다

신입들이 모르는 걸 수시로 속 시원히 물어보는 것은 쉽지 않다. 차라리 일주일에 1시간씩 시간을 정해놓고 편집부원들이 돌아가면서 훈련을 시키는 것도 방법이다. 누구는 제작, 누구는 교정교열원칙, 또 다른 누구는 에이전시 업무 등등. 공식적으로 시간이 주어지면 그 안에서 자유롭게 질문할 수 있고, 그 회사만이 가진 특징적인 편집 방법을 배우게 된다. 이렇게 되면 신입도 빨리 배워야겠다는 생각을 할 수 있고, 대접받는 느낌도 받을 것이다. 또 중간 경력 직원에게도 후배양성에 대한 책임감을 부여해주라. 과거와 달리 어깨너머로 배우게 해서는 시간이 너무 많이 걸린다.

3. 전체 프로세스에서 이 일이 어떤 의미를 가지고 있는지

를 공유한다

유사도서 검색, 도서에 수록될 필요한 정보나 사진 찾기, 페이스북에 홍보 글 올리기 등등은 연차가 낮은 직원들에게는 왜 해야 하는지에 대한 공감이 필요한 업무이다. 편집이란 게, 교정교열과 기획이라고만 생각하는 직원들에게는 편집의 궁극의 목표가 무엇인지 이해와 설득이 필요하다. 간혹 "편집부가 왜 페이스북 홍보글을 써야 하냐"고 질문하는 후배들이 있는데, 바뀐 출판환경과 편집 업무에 대해 공유하지 못하면 갈등이 쌓이게 되고, 갈등이 깊어지면 업무에 있어서도 누수가 생길 수밖에 없다.

4. 현장체험은 많을수록 좋다

최근에는 편집 업무가 주로 사무실에서 이루어진다. 저자도 사무실로 오고, 전화, 퀵서비스, 웹하드, 카카오톡, 온라인 검색으로 업무의 많은 부분을 처리하다 보니, 직접 서점을 나가고, 오프라인 행사에서 독자를 만나고 저자를 만나거나 인쇄소를 방문하는 경우가 드물다. 그러다 보면 자기만의 생각에 갇히기 쉽다. 인터넷 서점으로 책을 보는 것과 오프라인에서 어떤 책이 어느 정도로 깔려 있는지를 살펴보는 것은 굉장한 차이다. 최대한 후배들이 업무와 관련된 사람들을 직접 만나고 부딪히게 해주는 것이 필요하다. 찌는 듯한 한여름의 인쇄소에서 기장과 이야기를 나눠보고, 온라인 서점 MD의 냉정함도 맛보며, 오프라인 행사에서 독자들의 손길이 어떤 책을 향하는지 살펴볼 수 있는 기회를 제공하라. 그렇게 되면 자신이 만드는 책을 좀 더 냉정하게 바라보고, 다각도로 다가가려는 노력을 하게 될 것이다. 백 마디의 잔소리보다 낫다.

5. 작은 성공의 기억을 심어주라

매출 100억이 넘고 규모도 큰 회사에서는 웬만한 책이 출간되어서는 담당자가 직접 매출을 견인했다는 보람을 체감하기 힘들다. 하지만 그렇지 않은 회사라면, 자신이 책을 만들고 책이 출간되어 독자반응이 있을 때 느끼는 짜릿함이야말로 가장 커다란 동기부여이다. 물론 늘 이런 일이 자주 있다면 더없이 기쁘겠으나 대부분은 어렵다. 그러므로 책을 만들어가는 과정에서 작은 성공을 느낄 수 있도록 하는 것이 필요하다.

함께 아이디어를 모아 어떤 굿즈를 만들고 그것이 판매를 이끌어오는 느낌을 맛보게 하고, 수없이 수정해서 홍보용으로 페이스북에 올린 글의 공유 횟수가 올라가는 것을 체험하게 하고, 마케팅 아이디어에 따라 주문부수가 늘어나는 것을 약간의 오버를 더해 박수쳐 주라. 그런 의미에서 편집장에게는 실무교육보다 후배들의 동기부여가 더 중요한 덕목인지 모르겠다.

6. 합을 맞추기 위한 우여곡절은 어쩔 수 없다

그렇다고 늘 후배들을 칭찬하고, 가르치기만 할 수 없다. 둥지 안의 새가 결국은 자신의 힘으로 날아야 하듯, 언제까지 선배가 후배들을 독려만 할 수는 없는 노릇이다. 회사는 매출이 있어야 존재하고, 어느 시기가 되면 후배라고 해도 제 몫을 해줘야만 한다. 그러다 보면 일정 닦달은 기본, 잔소리도 많아지고 때로 감정을 상하기도 한다. 이것을 나는 합을 맞추는 기간이라고 본다. 가장 멋진 광경은 이런 저런 우여곡절을 겪고 환상의 합을 이루어내는 것이다. 대부분의 경우, 아무런 노력 없이 합을 이루기는 어렵다. 서로 간의 노력이 필요하다. 선배는 속 터져가며 기다려 주고, 후배는 원망과 짜증 속에서도 어쨌든 따라가 주는 의리 말이다. 수많은 우여곡절을 겪고 이렇게 합이 잘 맞아떨어지는 회사라면 큰 시너지를 낼 수 있다.

후배를 새로 뽑고, 가르치고, 떠나보내고, 또 다른 후배를 만나고 합을 맞추고 다시 보내고… 수없이 많은 반복을 해왔다. 그러면서도 이 길은 늘 새롭고 낯설다. 후배를 잘 키우는 일에 과연 묘수가 있을지. 한 가지 노파심에 추가하자면 '지금 옆에 있는 선후배에게 최선을 다하기' 정도라고나 할까.

세상에는
서점의 책 권수만큼
다양한 저자들이 있다

편집일을 시작하기 전부터 저자에 대한 판타지가 있었다. 저자를 만나서 그가 쓰는 글에 대해 이런저런 토론을 벌이고, 코멘트를 하거나 때로는 투닥거리기도 하고, 결국 저자가 나의 조언을 받아들여 멋진 글을 완성해내는 모습 말이다.

그러나 막상 책 만드는 일을 하고 보니, 만드는 책의 분야에 따라 편집자가 개입할 수 있는 폭은 매우 달랐다. 밤새 함께 술을 마시면서 원고 얘기는 물론, 시시콜콜한 집안 이야기까지 더해 형제 이상 가는 끈끈한 친분을 쌓아갈 수 있는 분야의 저자도 있지만, 계약서 사인할 때 한번 얼굴보고 다음 일정은 메일과 전화로만으로도 충분히 협업할 수 있는 분야의 저자도 있다. 물론 거의 밥상을 눈썹에 맞출 정도로 어렵고 격식 있게 대해야 하는 저자도 많다.

나의 경우를 보자면 자기계발 분야의 저자들은 자신의 원고 챕터마다 구체적인 피드백을 원하고 자주 연락은 하지만 비교적 거리를 두는 편이었고, 아동서 저자들은 동화처럼 밝고 맑았다. 문학 분야의 저자는 문장 하나라도 고치려면 일일이 확인을 받아야 하는 경우가 많고, 낯가림이 심한 편이었다.

편집자의 삶이란 한편으로 저자들과의 동고동락이다

인생에서 일이 차지하는 비중이 50%가 넘고 그 일의 30% 이상이 저자와의 소통이라고 보면, 어떤 저자와 어떻게 일하느냐는 편집자의 삶에도 큰 영향을 미친다. 훌륭한 저자를 만나 멋진 책을 만들어내는 것이야 말할 나위 없이 흥분되는 일이지만 평범했던 저자와 호흡이 잘 맞아 책을 만들어내고 판매까지 끌어내는 재미도 이에 못지않다. 물론 만드는 내내 치고받고 싸우고 으르렁거리다가도 출간 후 결과가 좋아 극적으로 관계가 끈끈해져버린 경험은 무엇에 비할 수 있을까. 편집자와 저자는 원고의 첫 독자라는 낭만적인 설정 말고도 책이 진행되는 내내 서로 긴장을 놓을 수 없는 관계이기도 하고 답답함을 알아주는 유일한 벗이기도 하다. 서로가 서로에게 관중과 포숙처럼 의미 있고, 없어서는 안 될 존재가 되는 것이 가장 이상적일 테지만 사실 책을 만들다 보면 이는 쉽지 않은 일이다.

세상에는 밤하늘의 별만큼이나 많은 저자들이 있고, 편집자라면 다들 자신이 만들어낸 책만큼의 저자를 만났을 것이다. 그동안 내가 만난 저자들의 지극히 개인적인 험담을 해보자면 이렇다.

오래전 근무했던 대학교재 출판사에서는 저자가 거의 절대 '갑'이었다. 당시만 그랬는지 모르겠으나, 대학교재의 특성상 저자인 교수가 책을 쓰고 그 책은 그 교수가 강의하는 대학에서 교재로 사용되기 때문에, 교수가 책을 쓴다는 건 어느 정도의 판매부수를 자동적으로 일으키는 구조였다. 특히 〔한국사〕, 〔경제학개론〕과 같은 교양과목은 학생 수가 많았고, 매년 정기적으로 판매가 일어나기 때문에 저자의 파워가 만만치 않았다.

당연히 저자에 대한 '~카더라'라는 통신이 횡횡했고 선배들에게 전설적인 체험담을 듣는 것만으로도 흥미진진했다. 예를 들면 어느 날 새벽에 저자인 A교수의 집 화장실 변기가 막혔는데, 수리공 대신 편집장에게 먼저 전화를 했다는 이야기(지금은 절대 없을 것이라 믿는다). 저자인 B교수의 집 이사를 하는데 출판사 영업자들이 가득하더라는 이야기

(그때는 포장이사가 없었다), C교수가 추천해서 입사한 편집자가 이 회사에 몇 명이라는 이야기까지(그래서 내 이력서는 늘 찬밥이었던 걸까?).

나 역시 학생의 노트만 달랑 가져와서 책을 만들어 달라는 교수님 때문에 황당했던 기억도 있고, 교정지를 전해주어도 제대로 보지 않더니 책이 나온 다음에 찾아와 이런저런 불평을 늘어놓는 저자에게 상처도 많이 받았다(그때 띄어쓰기로 나와 설전했던 교수님은 요즘 어찌 지내시는지…).

저자가 사무실에 방문이라도 하면 편집부장은 초긴장 상태로 접대를 했고, 식사자리에서 담당편집자는 입도 벙긋하기 힘든 분위기였다. 자연스레 저자란 가까이 하기 힘든 존재라고 여기게 되었고, 단행본 출판사로 이직한 후에도 한동안 저자 앞에서는 얼음이었던 아픈 기억이 있다. 물론 이후에는 친절하고 겸손한 저자 교수님들도 만나 작업할 수 있었기에 교수님증후군은 다행히 극복되었다.

반대로 실용서의 저자들은 함께 책을 만들어나간다는 기분을 흠뻑 느낄 수 있다. 한 분야의 길을 꾸준히 걸어와 자신만의 지식이 담긴 블로그나 홈페이지를 운영하고 있는 이들은 원고에 대한 자신감은 크지 않지만 대신 편집자의 조언에 적극 귀기울인다. 홍보에도 적극적으로 나선다. 또 대단히 열정적이어서 해당분야를 종횡무진 누볐던 이야기를 듣는 것만으로도 좋은 자극이 된다. 책도 책이지만 책상머리에만 앉아 있는 편집자에게 다양한 삶을 간접체험할 수 있게 해주는 신선한 자극제이다. 다만 문장이 좋지 않은 경우가 많아 원고를 편집자가 잘 만져야 하고, 끊임없이 피드백을 해야 좋은 원고를 만날 수 있다. 명성에 비해 원고는 허당인 경우도 꽤 있고, 성공했던 전작에서 썼던 내용을 곰탕처럼 우려먹는 저자도 있으니 유의해야 한다.

대부분의 저자가 그렇기는 하지만 인문도서의 저자들은 대화를 좋아한다. 모름지기 인문학의 기본은 사유와 토론이 아니던가. 그래서 이 분야의 저자를 만나기 위해서는 만반의 준비가 필요하다. 진행 중인 책의 코멘트에서부터 유사도서, 경쟁도서, 핵심저자들의 근황, 출판계 동향, 최근 시사문제에 이르기까지 저자들이 쏟아내는 관심사에 부응하려면 평소에 촉을 세우고 있어야 한다. 그렇다고 저자들이 만나자마자 알아서 얘기를 술술 풀어놓는 것은 절대 아니다. 대부분 말이 없다. 낯가림도 심하다. 그러다 보니 계약하려고 만나서 정말 도장만 찍고 헤어진 후배도 있었는데, 이는 저자의 심중을 헤아리지 못한 것이다. 이런 저자들의 대부분이 충만한 지식을 어떻게든 풀어내고 싶어 한다. 다만 멍석을 깔아주어야 한다. 이 부분을 잘하면 저자와의 관계가 돈독해진다. 미팅을 하다보면 그리스신화에서 시작된 이야기가 문화유전자 밈을 넘어 인간사회의 가치관 형성에 이르기까지 종횡무진 퍼져나가, 점심 먹으려고 만났다가 막차 타고 귀가하는 경우가 부지기수다. 그러다보니 심리적, 육체적 한계로 자주 만나기에는 업무에 미치는 타격이 크다.

게다가 모름지기 저자라면 말이 아니라 글로 표현해야 하는 게 아닌가. 말을 잘하고 좋아하는 저자를 만나 일이 술술 풀리겠다고 여긴 것은 착각, 만남만 즐거웠지 2년이 지나도록 원고를 내놓지 않아 메일로 매번 구지가를 불러야만 했던 저자도 있었다. 또 책 판매에 대한 기대가 너무 높아 부담스러울 때도 많으니 적절히 밀땅을 해야 한다. 이 분야의 저자들이야말로 발굴의 기쁨도 큰데 최근 들어 빈익빈 부익부가 첨예해지고 있어 아쉽긴 하다.

책을 만들면서 저자에게 많이 배운다

편집자가 아무리 다양한 관심을 갖고 있다 해도 모든 분야를 다 꿰고 있는 것은 아니다. 주식책을 만들면서 주식을 보는 눈, 투자법을 배우고, 철학사 책을 만들면서 철학의 흐름과 각종 철학용어를 섭렵한다. 간혹 편집자들이 자신이 만든 책의 내용을 다 익히는지 궁금해 하는 사람들이 있는데, 편집자의 관심은 '익힘'이 아니라 독자들에게 그 주제에 대해 '어떻게 들려줄 것이냐'에 대한 고민이다. 그렇기 때문에 다양한 분야의 책을 만드는 것이 가능하다. 지식총량의 법칙이라고, 편집자들은 책으로 출간되는 순간 다음 책을 위해 만든 책 내용의 대부분을 기화시킨다.

물론 저자에게 배우기만 하는 것은 아니다. 저자를 격려하고 이끌기도 하며 자신의 저자가 더 나은 글을 쓰고, 더 널리 알려질 수 있도록 홍보하고 때론 채근하며 닦달하기도 한다(최근에는 저자뿐 아니라 번역자, 외주자들에게도 페이스북을 하라고 강요 아닌 강요를 하고 있다). 한 권의 책을 낸 저자가 그 이후 어떻게 커가는지 지켜보다 보면 책 한 권을 쓰는 것이 가진 힘을 절감한다. 정말이지 '모든 것은 책 한 권에서 시작하였다'라고 표현할 만한 인물이 한둘이 아니다. 그러다 보니 주변의 지인들에게 저자가 되기를 강권하게 되는 부작용도 있다. 그 좋은 천국을 나 혼자 맞을 수는 없으니 같이 가자고 전도하는 마음이랄까.

쓰고 보니 나를 만난 저자들은 나를 과연 어떤 편집자로 기억할까 궁금해진다. 아마 붙임성 없는 데다 건조한 문체로 원고독촉이나 해대는, 까칠한 편집자로 생각하는 건 아닐까. 원고를 마무리하며 급하게 반성을 덧붙이는 나 역시 누군 가에게 인생의 편집자로 손꼽히는 날을 은근히 기대하면서 『편집자로 산다는 것』(한국출판마케팅연구소)에서 발췌한 글을 추가한다.

기획을 하는 에디터의 가장 중요한 덕목은 그 많은 요소들을 모두 직접 장악하는 것이 아니다. 각각의 재주와 신통력을 가진 사람을 만나고 그들이 가진 힘을 나의 유용함으로 끌어 내는 자질이다. 기획의 힘은 곧 사람의 힘이고, 사람의 힘이란 한정되고 고립되지 않은 다양함을 바탕으로 해야 한다. -『편 집자로 산다는 것』(이홍)

제 3 부

편집자의
소통과 감각

이경원

편집자는 설득과 소통의 달인
편집자의 일은 도무지 끝이 없다?
편집장끼리 얘기하는 '괜찮은' 편집자
편집자의 마케팅 감각은 어떻게 길러야 하나요?
저자와 편집자, 엄청나게 가깝지만 놀라울 만큼 낯선
조금 특별한 저자와의 책 작업

편집자는
설득과 소통의 달인

- 저자, 회사 관계자들과 소통 잘하는 노하우가 있나요?

차라리 일이 힘든 게 낫지, 인간관계가 힘든 것처럼 피곤한 일이 없다는 말이 있다. 작성해야 할 서류나 검토할 원고가 산더미같이 쌓여도, 처리해야 할 업무가 아무리 많아도 그건 혼자서 밤을 새든 일정을 조정하든 내가 알아서 처리하면 그만이다. 하지만 저자나 외주업자 혹은 동료나 아래 직원 등 다른 누군가를 시켜서 처리해야 할 일이라면 사정은 많이 달라진다. 그들을 이해시키고 설득하는 일이 버거워서 '차라리 내가 해버리는 게 속 편하지' 푸념했던 경험은 누구나 한번쯤 있을 것이다.

몇 년 전 ≪내 옆에는 왜 이상한 사람이 많을까?≫라는 책이 출간됐을 때, 편집자들과 함께 다른 출판사 책이지만 정말 기가 막히게 제목을 잘 지었다고 얘기했던 기억이 난다. 모두들 일보다 인간관계가 더 힘들고, 그리고 요즘 들어 점점 더 이상한 사람들이 많아지고 있다는 얘기로 그 대화가 마무리되었던 것 같다.

저자나 사내외 관계자와 장시간의 회의, 전화 통화나 메신저 대화를 나눈 후 긴장이 풀린 안도감과 대화의 피로감에 긴 한숨을 내쉬는 경우가 간혹 있다. 특히 대화의 목적을 이루지 못한 채 에너지만 소모한 경우라면 그 한숨은 여느 때보다 더 깊고 길어지게 마련이다. 그만큼 힘들었던 시간이라는 뜻이다.

편집자가 상대해야 하는 사람들은 영업자, 디자이너, 편집장 또는 대표부터 저자와 번역자, 제작 담당자, 에이전트 등 다양하다. 게다가 다혈질인 사람, 처음에는 내색하지 않고 있다가 나중에 장문의 메일을 보내 조목조목 따지는 사람 등등 저마다 성격과 기질은 얼마나 다양한지……

내 생각을 이해시키고 설득하는 일이 결코 쉽지 않다. 자칫 오해가 생겨서 큰소리라도 나게 되면, 장기 프로젝트가 많은 업무 특성상 꽤 오랫동안 불편한 상황이 지속될 수 있기 때문에 편집자들은 '소통'에 대한 고민을 많이 하게 된다.

원활한 소통의 기본은 믿음과 신뢰

"이 원고, 제대로 읽으신 거 맞아요? 꼼꼼하게 읽고 다시 얘기하면 좋겠어요."

십여 년 전, 저자가 불쾌한 어조로 나에게 했던 말이다. 그때를 떠올리면 아직도 진땀이 나는 것 같다. 당시 내가 제안한 수정안은 괜찮았다. 하지만 수정을 해야 한다는 말에 이것저것 묻던 저자가 원고를 제대로 읽었냐고 기습적으로 한 질문에 자신 있게 대답할 수가 없었다. 1차 입고된 초고였고, 러프하게 검토했지만 원래 기획안과 다른 부분이 바로 파악됐기 때문에 그날의 회의가 별 문제가 없을 것이라 생각했기 때문이다.

당시만 해도 저자와 논쟁을 벌인 경험이 적었던 탓에 저자의 말에 제대로 대꾸도 못하고, 당황한 티를 내지 않으려 애쓰다 허둥지둥 회의를 마무리했던 기억이 새록새록 떠오른다. 그날 밤 밤새워 원고를 다시 읽으면서, 원고를 수정해야 하는 현실을 받아들이지 않는 저자가 원망스럽고, 꼼꼼하게 준비를 하지 않은 채 미팅을 한 나 자신이 한심했다.

시간이 흐른 지금 생각해보니, 그날의 가장 큰 실수는 원고를 '제대로' 읽지 않은 게 아니다. 수개월 동안 고생해서 쓴 원고에 담당 편집자인 내가 얼마나 애정을 가지고 있는가를 제대로 전달하지 못한 것이었다. 나는 그날 저자를 만나 가장 먼저 원고의 장점과 그간의 고생에 대해 진심으로 말해줬어야 했다. 그리고 잘못된 점을 지적하는 대신 더 좋은 원고를 위해 보완할 부분을 제안했어야 했다. 저자와 같은 마음으로 이 원고에 애정이 있고, 무엇보다 잘되기를 바라고 있다는 믿음을 먼저 줬어야 했다는 말이다.

소통을 할 때 가장 중요한 것은 '신뢰'이다. 신뢰할 수 없는 사람과 대화한다는 것은 아주 피곤하고 어려운 일이다. 의도를 파악해야 하고, 계속 의심을 하게 되니 말이다. 흔히 업무적인 관계에서 신뢰란 뛰어난 능력과 타의 추종을 불허하는 실적으로 생긴다고 생각하기 쉽다. 물론 그것도 무시할 수 없긴 하지만, 소통하는 서로를 믿고 신뢰하게 만드는 가장 확실하고 빠른 방법은 '우리'가 같은 목표를 가진 한 팀이라는 것을 확인하는 것이다.

상대가 원하는 것이 무엇인지 파악하자

내가 원하는 것, 나의 목적에만 급급한 상태에서 상대방의 진의를 제대로 파악하지 못한 채 대화를 하는 경우가 종종 있다. 상대가 지금 나와 머리를 맞대고 이 자리에 함께 앉아 있는 이유를 생각해야 한다. 나와 의견이 다른 사람을 설득해야 하는 상황이라면, 왜 그렇게 생각하는지 이유를 알아야 견해 차이를 좁힐 수 있다.

후배 편집자가 디자이너랑 안 좋은 일이 있다며 찾아왔다. 저자가 재교지에서 사진을 포함해 원고를 대대적으로 수정한 탓에 외주를 준 디자이너와 싫은 소리를 주고받게 됐다는 얘기였다. 일을 하다 보면 쉽게 넘어가는 일도 있고 이상하게 꼬이면서 힘들게 진행되는 일도 있는 법인데, 알 만한 사람이 싫은 내색을 하며 대놓고 볼멘소리를 해서 서운한 마음이 들었다는 것. 본인도 계획한 일정을 조절해야 할 판이라 예민해졌는데, 오랜 기간 함께 일해 온 디자이너까지 그러니 싫은 소리를 하게 됐고, 결국은 디자이너와 말다툼을 하고 헤어졌다고 한다.

대놓고 일을 맡기던 사이라 너무 편하게 생각했던 게 화근이었다. 아무리 친한 사이라 하더라도 이 경우에는 디자이너에게 상황을 설명하고, 편집자가 먼저 조정 가능한 일정이나 디자인료에 대해 얘기를 먼저 꺼내는 게 순서였다. 프리랜서인 디자이너에게 다른 스케줄은 없는지, 예정했던 것보다 시간이 얼마나 더 필요한지 물어봤어야 했는데 자기가 아직 정리가 되지 않았기 때문에 다짜고짜 교정지를 보여주며 언제까지 되겠냐고 물었던 것이다.

상대의 입장을 고려하지 않고 내 의견만 주장하는 것은 소통은커녕 오해를 빚는 경우가 많다. 소통이란 말 그대로

서로 오해나 막힘없이 뜻이 통하는 것을 말한다. 내 말을 앞세우는 데 초점을 맞춰서는 안 된다는 말이다. 내 의견을 관철시키기 위해서는 상대의 생각과 그 입장을 고려해야 한다. 상대방이 왜 그렇게 생각하는지 이해는 하지만, 그럼에도 불구하고 이러저러한 이유로 다른 의견을 내게 되었다고 해야 토론이 되고, 소통도 원활해진다.

설득하고 싶은 상대보다 더 많이 준비하라

어려운 제안을 해야 하거나 상대가 싫어하는 일을 부탁해야 할 때는 어떻게 대화를 이끌어야 할까? 적절한 비유나 사례를 든다, 데이터를 동원해서 이해시킨다, 상대가 거절할 수 없을 매력적인 제안을 한다 등등 사실 상대와 처한 상황에 따라 대처법이 아주 다양하다. 문제는 본인의 설득하고자 하는 의지다. 내 의견이나 제안을 상대가 받아들이든 말든 상관없는 일이 아니라면, 어떻게 하면 될지 많이 고민하고 많이 준비해야 하기 때문이다.

"기획안 좀 검토해 주십시오."

신간 기획안을 한번에 오케이 받는다면 기분 좋은 일이다. 하지만 대부분의 경우는 미진한 부분을 지적받거나 몇 가지 질문을 받게 마련이다. 생각은 했지만 기획안에 넣지 못한 내용일 수도 있고, 생각조차 못했던 것일 수도 있다. 나 역시 그런 질문을 곧잘 하는 편인데, 기획 당시 모든 것이 완벽할 수 없다는 것을 모르지 않는다는 전제는 있다.

문제는 생각조차 못한 질문을 받은 후 담당자의 반응이다. 이제까지 조사한 것에 따르면 이러이러할 것으로 여겨지며, 보다 자세한 것은 보강해 보겠다는 대답이면 아주 훌륭하다. 설령 탐탁지 않게 느꼈던 기획안도 마음의 벽을 한 계단 낮추는 데는 성공이다. 반대로 난데없는 질문에 당황하여 우물쭈물하면서 횡설수설 두서없는 대답을 하는 경우에는 기획안에 대한 호감도가 떨어지게 된다. 만약 출간하기에 탐탁지 않게 여겨지는 주제라면 두말할 필요도 없다.

만일의 경우까지 다 대비한 '만반의 준비'를 완벽하게 하라는 게 아니다. 적어도 소통의 주제나 설득하려는 사안에 대한 자신의 의견은 확실히 정리해 놓고 대화에 임해야 한다는 말이다. 가끔 대화를 하면서 한 자리에서 여러 번 자기 생각을 바꾸는 사람들을 보게 되는데, 이런 일이 반복되다 보면 어쩔 수 없이 자기 생각이 없고 귀가 얇은 사람 또는 준비성이 부족한 사람이라는 선입견을 갖게 된다.

자기 의견을 확실하게 정리하기 위해서는 어떻게 해야 할까? 내 의견을 들어야 할 상대의 입장에서 생각하는 습관을 갖는 게 가장 좋은 방법이다. 단순히 개인적인 입장이 아닌, 상대방이 직책상, 상황상 긍정적으로 생각할 부분과 걱정하고 부정적으로 생각할 부분이 무엇이고, 어떤 점이 궁금할까 하는 것에 대한 이해와 연구가 필요하다는 말이다.

내가 아닌 상대 즉 저자나 역자의 입장, 편집장의 입장, 대표의 입장, 디자이너의 입장, 번역자의 입장, 에이전트의 입장, 영업자의 입장 등등 우리가 업무상 만나는 수많은 사람들은 저마다 각기 다른 입장과 상황에 있다. 때문에 이에 대한 고민과 연구를 하는 일은 아주 힘들 수도 있고, 마치 스릴 넘치는 서바이벌 심리전을 하는 듯한 묘미가 있을 수도 있다. 피할 수 없으면 즐기라고 했다. 어차피 우리가 사는 이 세상은 서로 소통하며 살아갈 수밖에 없다. 이왕이면 즐겁고 유익한 대화, 설득하면서도 행복하고 설득 당하면서도 행복한 대화를 해나가면 좋겠다는 바람이다.

편집자의 일은
도무지 끝이 없다?

– 야근이 잦은 출판 시스템, 어떻게 생존해야 할까요?

"이전 회사를 그만둔 이유를 물어봐도 될까요?"

충원이나 결원을 보충하기 위해 편집자 면접을 볼 때마다 조심스럽게 하는 질문인데, 의외로 자주 나오는 대답이 '일이 너무 많아서 야근이 잦았기 때문입니다'는 말이다. 그리고 함께 되돌아오는 질문이 있는데, "이 회사도 야근이 많은가요?" 하는 말이다.

솔직히 이 질문은 나로서는 난감하다. 우리 회사는 야근이 많지 않다고 나는 생각하는데, 정작 직원들 생각과 다를 수 있기 때문이다. 솔직히 상사 입장에서 6시 '땡' 하면 퇴근하면서 일정을 맞추지 못하는 직원이 예뻐 보일 수는 없지만 그렇다고 특별히 급한 일이 없어도 일주일에 몇 번, 한 달에 몇 번은 무조건 야근을 해야만 한다고 생각하지 않는다.

예전부터 편집자는 으레 야근이 많은 직업이라는 말을 많이 하는데, 도대체 이유는 무엇일까? 회사마다, 진행하는 책마다 구구절절 사연도 많고 그만큼 이유도 다양할 것이다. 여기서 먼저 회사 분위기나 사정상 불가피한 경우라면 논의에 한계가 있음을 미리 말하고 싶다. 특별히 급한 일이 없어도 눈치껏 야근을 해야 하는 분위기나 방침을 감수할 가치가 있는지는 전적으로 본인 판단에 달렸기 때문이다. 여기서는 자신에게 일이 늘 많이 몰리거나 돌발 상황이 많이 생기거나 동료에 비해 일처리 속도가 늦어서 유독 야근을 많이 하는 경우에 대해 집중적으로 얘기하도록 하겠다.

야근이 잦은 근본적인 원인을 찾아내라

본인이 유독 야근이 잦은 편이고 스케줄을 제때 맞추는 것이 늘 힘들거나 맞추지 못하는 경우가 많다면, 올해 진행했던 책의 리스트를 정리하고 어떤 이유가 있었는지 함께 체크해보자. 그 이유는 아주 다양할 것이다. 저자나 역자가 약속을 지키지 않아서, 편집장이나 영업부의 반대로 제목 확정이 늦어져서, 심지어 출간을 앞두고 저자의 변심으로 원고를 다시 대대적으로 수정을 해서 등등, 책마다 사연이 많다.

사실 한 권의 책이 나오기까지 기획부터 편집, 제작, 마케팅·홍보에 저자 관리까지 편집자가 신경 써야 할 업무는 참 다양하다. 거기에 기획서, 편집발주서, 마케팅제안서, 원가계산서, 제작발주서, 보도자료 등 기본적으로 작성해야 할 서류도 많고, 원고 검토와 교정교열까지 해야 한다. 이렇게 일이 많으니 원인도 다양할 수밖에 없다.

하지만 근본적인 문제를 찾기 위해서는 단순하고 진솔하게, 그리고 외부나 타인이 아닌 출판사 내부와 본인으로부터 원인을 찾아야 한다. 남이 아닌 '나'와 우리 회사 즉 '내부'의 문제점을 찾아내야 보다 수월하게 해결할 수 있기 때문이다. 예를 들어 저자나 역자가 약속을 지키지 않은 경우라면 업무 협의나 스케줄을 체크할 때 커뮤니케이션에 문제가 있는 것은 아닌지, 제목 확정이 늦어졌다면 1차 타깃을 대상으로 한 리서치가 부족하거나 프레젠테이션에 문제가 있던 것은 아닌지 아니면 회사의 의사결정 체계가 불확실하다는 등으로 문제를 다른 시각에서 찾아보자는 말이다. 그래야 자신이 고쳐야 할 점이나 회사에 건의하는 등의 해결책이 보인다.

근본적인 원인을 찾기 위한 자기 진단

① 담당하는 업무를 정확히 파악하고 있고, 이를 제대로 공유하고 있는가?

편집장의 입장에서 볼 때 가장 중요한 것은 담당 편집자가 자신이 진행하는 책을 잘 파악하고 있고, 일정 계획을 제대로 세우는가 하는 점이다. 특별한 사정이 있는 책이 아닌 경우 출간 계획의 1차 데이터는 담당 편집자의 보고다. 그에 맞춰서 마감일을 잡고 제작, 배본, 광고, 영업, 마케팅 등의 업무는 물론 저자의 스케줄까지 짜게 되는 것이다. 따라서 출간 일정을 짜서 보고할 때에는 원고의 특징을 잘 파악해서 고려했는지, 책의 홍보와 판매를 고려해서 출간일을 잡았는지, 저자와 충분히 논의된 스케줄인지 등을 스스로 점검해야 한다. 그리고 이러한 내용을 저자, 편집장, 영업부, 디자이너, 외주 교정자 등의 모든 관계자와 제대로 공유해야 한다는 것을 명심하자. 그래야 확정된 출간 일정에 차질이 생기지 않도록 서로 조심하고, 일정에 민폐를 끼치지 않기 위해 노력하는 분위기가 된다.

② 업무의 우선순위, 보고할 타이밍을 알고 있는가?

동시에 여러 가지 업무를 진행하면서 실수를 줄이려면 월별, 주별, 일별로 처리해야 할 업무의 리스트를 정리하고, 이때 미처 처리하지 못한 일은 우선순위를 정해놓고 먼저 처리하는 습관을 갖는 것이 좋다. 어떤 일이 중요한 것이고 먼저 처리해야 할지 모를 때에는 혼자 끙끙대지 말고 선배나 상사에게 물어보도록 한다.

특히 업무 진행에 차질이 생겨 일정을 맞추기 어려워진 경우에는 상사나 저자에게 말해야 할 타이밍을 잘 찾아야 한다. 출간 계획을 변경할 수 있는 타이밍인지 그리고 출간 계획을 바꿀 만한 가치가 있는 변수인지를 담당자가 제대로 파악하고 보고하면, 편집장이 판단을 내리기 훨씬 쉽다. 보고하는 당사자가 당황하여 횡설수설해서 오히려 보고받는 사람이 이것저것 캐물어야 하는 상황이라면, 솔직히 상사 입장에서는 문제의 이유를 떠나서 담당자를 곱게 보기 어렵다.

이는 평소 내부회의 때 본인의 업무 이외에도 회사 돌아가는 상황이나 다른 부서의 업무에도 관심을 가지고 듣고 저자나 디자이너, 영업자 등과의 커뮤니케이션이 원활해야만 가능한 일이다.

③ 잦은 야근의 이유를 제대로 알고 있는가?

후배 편집자 A는 한 달에 절반 이상을 야근해야 하는 형편이라 늘 피곤한 상태라고 고민을 했다. 일정을 넉넉히 잡아도 막바지 작업은 늘 야근을 하거나 심지어 철야를 해야하는 형편이라고. 푸념 반, 상담 반 얘기를 나누다 보니 저자나 디자이너가 약속한 일정을 넘겨도 싫은 소리를 하지 못하는 자신의 성격 때문에 유독 자신이 맡은 책의 저자나 디자이너는 늘 일정을 맞추지 못한다고. 그러면서 약속을 지키지 않는 상대를 독촉하지 못한 자신의 잘못도 있으니 본인이 책임져야 하는 게 당연하다는 말이었다. 말은 그렇게 해도 A는 내심 자신이 야근을 많이 하는 이유를 저자나 디자이너 탓이라 생각하고 있었다.

하지만 조금만 관점을 달리해서 생각해보자. 우선 약속을 지키도록 하는 것이 '싫은 소리'를 하는 것이라는 생각부터 잘못된 출발이다. 싫은 소리가 아니라 전체적인 관리를 하는 편집자로서 마땅히 해야 할 당연한 얘기다. 그리고 사전에 전체 일정과 약속된 날짜를 지켜야 하는 이유를 충분히 설명해 주었다면, 그에 따른 책임으로 다음 작업에서 일정을 맞출 수 있도록 대안을 제시하거나 부득이한 경우에는 출간계획을 수정해야 하는데, 그 대처를 하지 못한 게 잦은 야근의 진짜 이유다.

문제는 무조건 자신의 탓이라고 생각하라는 말이 결코 아니다. 남의 탓을 하게 되면, 문제를 해결하기가 훨씬 더 어렵기 때문이다. 현실적으로 늘 약속을 정확하게 지키는 저자만 만나거나, 작업속도가 한결같고 디자인 시안이 언제나 만족스러운 디자이너하고만 일을 할 수 없는 게 현실이다. 때문에 해결책을 찾을 수 있도록 문제를 찾아내는 관점을 갖는 것이 중요하다는 말이다.

주도적, 적극적으로 문제를 해결하라

잦은 야근의 근본적인 문제를 찾았다면 이제는 적극적으로 해결하는 일이 남았다. 문제가 본인의 업무 스타일에 있다면 해결은 쉬운 편이다. 업무 스타일을 고치도록 본인이 노력하면 되기 때문이다. 혼자서는 힘들다면 주변 동료나 선배에게 조언을 구해서라도 하루 속히 고치는 것이 본인을 위해서 좋다.

속한 조직의 시스템이 문제라면 경력이 적은 편집자 혼자서 문제를 해결하기가 쉽지 않다. 이때는 상사나 동료에게 의논하고 함께 해결하도록 제안하자. 편집자는 담당한 책을 책임지는 역할을 한다. 따라서 맡은 책에 관계되는 문제를 없애기 위해 모든 사람들과 원활히 소통하고, 주도적인 역할을 해야 한다. 비록 경력이 짧은 편집자라 하더라도 한 권의 책을 맡아 진행할 때에는 상대가 저자든, 영업자든 하물며 편집장이나 대표 앞에서도 그 책에 대해 소신을 갖고 자기 의견을 낼 수 있어야 한다. 물론 결코 쉬운 일이 아니다. 하지만 자신이 담당한 책의 운명을 편집장이나 영업자 등 다른 사람의 손에 맡기는 일이 없었으면 하는 바람이다. 그러기 위해서는 담당한 책이나 맡은 업무에 대해 가장 잘 알고 있어야 하고, 가장 깊은 고민을 해야 한다.

무조건 늦게까지 야근만 한다고 그 사람을 높이 평가하지는 않는다. 효율적으로 일을 하면서 성과를 내는 직원을 밉게 볼 이유는 없기 때문이다. 조직의 분위기상 야근을 위한 야근을 해야 하는 드문(?) 경우가 아니라면 말이다. 앞에서도 말했듯이 이런 예외의 경우는 뭐라 말해주기가 쉽지 않다. 그런 조직의 분위기를 바꾸든가 일단은 버티든가 다른 방법을 찾아보는 수밖에……

설득하거나 협의해야 할 상대가 누가 됐든, 그 책과 관련된 모든 이의 목적은 하나다. 가장 좋은 모양새로 출간되어 기획의도를 충족시키고 더불어 많은 독자들에게 인정받는 것. 이렇게 같은 목적을 가진 사람과 협의하거나 설득하는 일은 경쟁자나 나에게 의도를 가지고 무언가를 얻으려는 사람을 상대하는 것에 비하면 아주 쉬운 일이다. 그리고 그 과정 자체를 즐기도록 조금만 생각을 바꾼다면, 지금보다는 훨씬 더 재미있고 능률적으로 일할 수 있을 것이라 장담한다.

편집장끼리
얘기하는
'괜찮은' 편집자

"어, 나야. 요즘도 바쁘지? … 실은 우리 회사에서 편집자를 구하는 중인데, 괜찮은 친구 좀 있어?"

편집자를 구하기 위해서 북에디터나 인사회 게시판 등에 구인 공지를 할 때마다 어떤 문구를 써야 내가 원하는 편집자를 만날 수 있을까 고민을 한다. 20년 차의 중견출판사이지만, 아직은 가야 할 길이 더 멀게 느껴지는 시점에서 구성원 한 사람, 한 사람의 역할은 아주 중요하기 때문이다.

구인 공지를 하긴 했지만, 그래도 불안한 마음에 여기저기 주변 선후배 편집자들에게 전화를 걸어 대뜸 소개해줄 만한 괜찮은 편집자가 있냐고 물어본다.

항상 첫마디부터 나오는 전제조건은 괜찮은 편집자라는 말이었던 것 같다. '괜찮은 편집자'라니, 이런 막연한 말이 또 있을까?

그래도 신기한 일은 이렇게 말하는 나도, 듣는 상대도 참 찰떡같이 알아듣는다는 점이다.

이 글을 쓰면서 선배 편집자로서 또 출판사를 관리하는 사람으로서 후배 편집자들에게 어떤 말을 해주면 좋을까 몇몇 후배들에게 물어보니, 가장 큰 고민 중의 하나가 편집장이 무엇을 원하는지 도대체 모르겠다는 것이다.

편집장이 무엇을 원하는지 모르겠다니, 나로서는 이해하기 어려운 조금 당황스러운 이야기였다. 편집장들이 원하는 것은 대단한 게 아니라 '기본'을 지키는 것일 텐데, 그걸 왜 모르냐고 되묻고 싶었지만, 슬쩍 열었던 입을 다물고, 하고 싶은 말을 꾹 참는다. 나도 그런 시절이 있었다는 사실이 뒤늦게 뇌리를 스쳤기 때문이다^^

그리고 편집장들이 생각한다는 '기본'을 막상 구구절절 설명하다 보면, 그 어마어마함에 후배들이 입을 벌리고 기겁할 것이 뻔했기 때문이다.

첫째, 자신이 진행하는 책이 어떤 책인지 제대로 아는 편집자
가끔 제목안이나 표지안, 심지어 보도자료를 가지고 오는

편집자를 위한 출판수업

후배 편집자들에게 잔소리를 하게 될 때가 있다. 제목이나 표지 콘셉트가 내가 생각하고 있는 것과 다른 경우일 때가 그 경우인데, 이 때마다 나는 그 책의 출간기획서를 다시 들춰보곤 한다. 국내물이든 외서 번역물이든 책을 만들다 보면 기획서를 작성할 때의 콘셉트와 달라진 경우가 의외로 많다.

기획부터 저자를 섭외하고 원고 집필, 원고 검토, 디자인과 교정교열을 거쳐 제작 후 마케팅까지 일련의 작업을 진행하는 기간은 최소 몇 달부터 1~2년의 시간이 걸리는 경우가 허다하다. 이렇게 긴 시간을 매달려 진행하다 보면, 의외로 많은 편집자들이 애초 기획단계에서 생각했던 책의 정체성(identity)을 잊어버리는 경우가 있다. 물론 원고 집필 과정에서 콘셉트를 바꾸거나, 시간이 지남에 따라 트렌드가 달라질 수도 있다. 하지만 바뀌면 바뀐 대로, '이 책'의 담당자는 처음 기획단계에서의 기획의도와 편집방향, 그리고 변경을 한 이유와 변경하는 새로운 정체성에 대한 개념을 확실히 꿰고 있어야만 한다.

자신이 담당한 책이 우리 출판사에서 어떤 역할을 맡아줄 책인지, 어떤 의도로 기획했는지를 확실하게 인지하고, 이를 잊지 않았으면 좋겠다. 물론 본인이 직접 기획한 책이든 아니든, 그 책의 담당자가 된 사연은 다양할 것이다. 하지만 애초 그 책이 세상에 나와야 할 이유를 흔들리지 않고 잡고 가야 하는 사람은 그 책의 진행을 지시한 편집장도, 대표도 아닌 담당 편집자 본인이어야 한다.

혹시 저자의 변심이나 출판사의 편집장이나 대표의 주문으로 콘셉트가 바뀌게 된다고 하더라도, 그 책의 정체성을 놓치지 말고 있어야 하는 것은 여전히 담당 편집자 자신인 것이다.

둘째, 소통을 잘하는 편집자

"저자가 원고 마감일을 한참 지나서 넘겨놓고, 책이 언제 나오냐고 재촉하고 있어요. 보내준 원고를 인쇄만 하면 책이 나오는 줄 아는 거 같아요!"

"신간 표지의 디자인이나 제목 회의를 할 때마다 우리 영업부는 잘나가는 다른 출판사 책을 가지고 와서 이런 표지와 제목으로 가자고 해요. 정말 원고를 읽어보기나 하고 그러는지…. 정말 답답해서 죽겠어요."

편집자는 출판사의 모든 부서, 많은 거래자들과 일을 해야 한다. 저자나 역자부터 디자이너, 영업자, 경리까지… 책 한 권 만들고, 출간해서 판매하는 데까지 전 과정에 참여하기 때문이다. 그 책에 대한 역사를 전부 알고 있는 사람은 아마도 편집자일 것이다. 그러기에 편집자는 협업자도, 소통할 일도 무척이나 많다.

소통은 '뜻이 서로 통하여 오해가 없도록 하는 것'이다. 일방적인 통보가 아니라는 말이다. 저자와의 조율사항, 원고를 진행하면서 알게 된 마케팅에 유용한 정보, 1차 독자층의 특징 등… 자신이 알고 있는 모든 것을 다른 사람들도 알고 있으리라 생각하면 안 된다. 따라서 상대방이 알고 있는 것과 모르는 것을 파악하여 필요한 정보를 제공하고, 오해의 소지가 없도록 확인해야 한다. 이에 필요한 태도와 예절은 두말할 필요도 없는 기본이다.

셋째, 책 만드는 일이 즐거운 편집자

출판사는 책을 만들어 세상에 내는 사업을 하는 회사다. 그리고 편집부는 출판사의 상품인 책을 만들어내는 생산부서, 편집자는 제품을 기획하고 만드는 제품개발자이자 생산자라고 볼 수 있다. 이렇게 말하면 조금 시시해 보이는가?

경력이 짧거나 신입인 편집자들을 만나 출판 일을 하게 된 동기를 물어보면, 나를 포함하여 편집자들은 십중팔구 어린 시절부터 취미가 독서였고 책벌레라는 별명으로 불릴 정도로 독서광이었기 때문이라고 대답한다. 물론 책을 좋아해서 출판사에 관심을 갖게 것은 너무도 자연스러운 일이다. 하지만 책을 좋아한다고 모두 책을 만드는 편집 일을 잘할 수 있는 것일까?

예를 들어, 파스타를 무척이나 좋아하는 사람이 이탈리아 레스토랑에 취업한다고 해서 모두에게 인정받는 셰프가 될 수 있을까? 레시피 연구와 개발, 그리고 피나는 연습에 상당한 시간과 노력과 어느 정도의 타고난 재능이 필요할 것이다. 먹는 것을 아무리 좋아해도 모두가 괜찮은 요리사가 되는 것은 아니라는 말이다. 결국 중요한 것은 먹는 것을 좋아한다가 아니라 요리하는 것을 좋아하고 미칠 수 있어야 한다는 얘기가 아닐까 생각해본다.

책을 만드는 편집자의 경우도 마찬가지다. 독자의 입장으로 책 읽기를 좋아하는 것이 중요한 것이 아니라, 좋은 책을 만들기 위한 노력과 공부를 스스로 즐기면서 하고 있는지가 중요하다.

똑같이 일을 한 것 같은데 편집장이 유독 칭찬하는 편집자가 있다면 눈여겨서 살펴보라. 아마도 본인이 욕심을 내어 원고 교정을 한 번 더 보았거나, 편집장이 OK 내준 표지글을 새로 써와서 이렇게 고쳐보면 어떤지 봐달라는 등의 시키지도 않은 일을 하고, 귀찮을 정도로 질문을 하는 친구일 것이다.

편집장은 야근을 해가며 일을 더 많이 했다고 칭찬하는 것이 아니다. 그 열정과 책을 만드는 일을 좋아하는 그 마음과 열정이 예쁜 것이다. 그리고 이렇게 책을 만드는 일이 즐거운 편집자는 매사 긍정적이고 호기심이 많은 경우가 대부분이다.

독자들은 이 책을 어떻게 생각할까? 원고를 어떻게 구성해야 독자들이 읽기에 편안하고 저자의 의도가 잘 전달될까? 어떤 제목과 표지가 좋을까? 보도자료는? 마케팅은? … 어떤 종이를 써야 좋을까? 한 권의 새로운 책이 세상에 나오는 순간을 상상하며 편집 과정을 즐기는 편집자야말로 독자에게 오래도록 찾는 좋은 책을 만들 수 있는 '괜찮은' 편집자가 아닐까.

문득 논어의 한 구절이 생각난다.

知之者不如好之者, 好之者不如樂之者. (지지자불여호지자, 호지자불여락지자)

(어떤 사실을) 아는 사람이 그것을 좋아하는 사람만 못하고, 좋아하는 사람은 즐기는 사람만 못하다.

꿈꾸는 편집장

"아직 결혼을 하지 않은 거지, 독신주의는 아니에요. 괜찮은 사람만 나타나면 지금이라도 결혼할 겁니다. 어떤 사람이 괜찮은 사람이냐고요? 글쎄요, 우선 대화가 통하는 사람이면 좋겠어요. 그리고 외모도 적어도 나한테는 매력적이어야겠죠. 참 목소리도 듣기 편한 게 좋겠죠? 경제적으로는 큰 욕심은 없지만 적어도 남한테 아쉬운 소리 안하고, 인생을 즐길 수 있을 정도만 있으면 좋겠어요."

마치 노처녀, 노총각들의 뻔한 이야기만큼이나, 막연하긴 해도 편집장들이 생각하는 괜찮은 편집자에 대한 각자의 기준은 아주 소박(?)하면서도 나름 엄격하다.

나 역시 그 '기준'이 얼마나 까다롭고 비현실적인지. 그리고 이렇게 말하고 있는 스스로도 그 이상형에 부족한 면이 있다는 것을 잘 알고 있다. 하지만 그렇다고 부하 직원들이 이랬으면 좋겠다는 상상도 못하라는 법은 없지 않은가?

아참, 참고로 내 이상형은 한때 가수 비였다.
그리고 그는 지금 무려 김태희의 남편이다.

편집자의
마케팅 감각은
어떻게 길러야 하나요?

04

"이번에 새로 출간한 우리 책은 왜 노출이 안 될까요? 다른 출판사들은 책만 냈다 하면, ○○○ 메인 페이지에 뜨던데… 우리 마케터들은 도대체 뭘 하는지 모르겠어요."

짧게는 수개월부터 길게는 몇 년 동안 공을 들여 만든 책이 출간되면, 담당 편집자의 마음은 기대와 불안감에 조마조마해진다. 혹시 내가 발견하지 못한 오류가 있는 것은 아닌가 하는 걱정부터 생각한 만큼 판매가 이루어질까 신경이 쓰일 수밖에 없다.

특히 판매에 대한 부분은 점점 예측하기가 어려워지는 것 같다. 출간 전은 물론 기획 단계부터 마케팅 회의를 수차례에 걸쳐 진행하는 책도 늘어가고 있다. 신간을 서점에 배본한 후 서점에서 독자들이 알아서 구매해주겠지 기대할 수 있는 책은 거의 없다고 보는 것이 맞다.

호랑이가 담배 피던 예전(?)에는 신문은 물론 TV와 라디오에 도서 광고를 했고, 방송 프로그램에 제작비를 협찬하면서 도서를 알렸다. 지하철과 버스 안에서도 출판사들의 광고를 심심치 않게 볼 수 있었다. '마케팅 = 돈'인 시절이었다. 물론 지금도 마케팅에 돈이 필요하지 않은 것은 아니다. 달라진 것이 있다면, 큰돈을 들이지 않고 책을 홍보할 수 있는 매체와 방법이 훨씬 더 많아졌다는 점일 것이다. 회사 홈페이지와 블로그, 각종 관련 인터넷 카페와 포스트, 페이스북이나 인스타그램, 수많은 온라인 매거진, 파워블로거의 리뷰 등 독자와 맞닿을 수 있는 수많은 접점들을 찾아내서 자료를 만들어 제공하거나 노출되도록 애써야 한다.

이번 주제는 마케팅이다

그것도 편집자의 마케팅이라니…… 매번 책을 낼 때마다 가장 고민되는 부분이고, 정확하게 매뉴얼이 있는 게 아닌지라 나 역시 그 부분은 누구한테라도 물어보고 정답을 찾고 싶은 심정이다. '편집자가 책만 잘 만들면 됐지 판매나 마케팅까지 고민해야 하나?' 가끔 볼멘소리를 할 때도 있을 정도지만 어쩌랴 도서 기획부터 계약, 편집, 디자인, 제작에서 출간 후 판매까지 모든 업무에 관여할 수밖에 없는 것이 편집자의 숙명인 것을. 가끔 편집자들끼리 모여서 "우리가 전생에 무슨 죄를 지어서 이렇게 일도 많고 책임도 많은 이런 직업을 가지게 되었을까" 한탄할 정도인데, 그 압박감이 어느 정도인지 편집자라면 누구나 공감하리라 믿는다.

출판 상황은 점점 어려워지고, 정보를 얻는 것은 물론 정보를 제공하는 방법도 하루가 다르게 달라지고 있는 요즈음이다. 웬만한 편집자들도 블로그나 SNS 활동을 하면서 자신이 만든 책을 홍보하기 위해 고심을 하고 있다. 이제 마케팅은 영업자의 영역이니 편집자는 신경 쓰지 않아도 된다고 말하는 출판인은 없을 것이다.

오늘 하고 싶은 이야기는 출판마케팅 전략이나 마케팅 기법이 아니다. 만약 그것을 기대했다면 조금 실망할 수도 있을 것이다. 편집자의 출판마케팅 기법이나 전략에 대해 알려주는 강의나 자료도 많기 때문에 굳이 마케팅 전문가도 아닌 내가 이야기할 필요까지는 없을 것 같다. 이 지면에서는 편집자들이 책을 만들면서 마케팅에 대해 이 정도는 생각하면서 진행했으면 좋겠다는 기대를 적어봤다.

마케팅은 언제부터 시작하는가?

의외로 많은 편집자들은 마케팅에 대해서 관심은 많으나 솔직히 내 일이 아니라고 생각한다. 책을 잘 만들어 내는 것만으로도 벅찬데, 그 이후의 홍보나 판매에 대한 부분은 제발 마케팅 부서에서 알아서 해주었으면 하고 바라는 것이다. 이는 마케팅이 출판사의 '상품'인 책이 출간된 이후에 시작한다는 생각에서 비롯된다. 마케팅과 판매촉진을 헷갈리는 경우인데, 이제부터라도 그 생각은 바꾸어 주었으면 좋겠다. 출판사의 마케팅은 그 책의 기획 단계부터 시작된다는 것으로 말이다.

국어사전을 찾아보면, 마케팅을 다음과 같이 설명하고 있다.

마케팅marketing [마케팅] 제품을 생산자로부터 소비자에게 원활하게 이전하기 위한 기획 활동. 시장 조사, 상품화 계획, 선전, 판매 촉진 따위가 있다. '시장 거래', '시장 관리'로 순화.

출판사의 생산담당인 편집자들이 가장 큰 역할을 해야 하는 것이 바로 '상품화'다. 의외로 많은 편집자들이 '코를 박고' 책을 만들다가 놓치는 부분이기도 하다.

나는 출간기획서의 '가제목'을 중요하게 생각하는 편이다.

크게 흠잡을 데 없이 작성한 출간기획서를 제출해도 가제목 때문에 가끔 잔소리를 하는데, 솔직히 담당자 입장에서 억울하다는 것도 안다. 책 제목이야 어차피 출간 즈음에 다시 정할 텐데, 지금 가제목이 왜 중요하다고 저러나 싶을 것이다. 출간기획서 가제목은 대부분 기획할 도서의 주제를 심플하게 적어내는 것이 보통이고, 특히 해외 번역서의 경우에는 원서의 원제를 그대로 적어낸다. 가제목에 고민을 많이 하지 않는다는 말이다.

가제목부터 흥미를 유발하거나 집필과 편집의 차별성이 드러난다는 것은 담당자가 저자의 역량이나 주제에만 의존하는 게 아니라, 자신이 어떤 책을 만들어서 어떤 독자에게 읽히고 싶다는 '그림'이 확실하다는 것을 말해준다. 때문에 기획의도, 독자타깃, 예상목차는 물론 유사도서 분석까지 출간기획서 전체가 일관성을 가지는 경우가 많다. 또한 담당 편집자의 그림이 선명할수록 저자·디자이너·마케터와의 후속 업무, 즉 '상품화' 과정이 수월하고 좋은 결과가 나올 확률이 높다. 책을 진행하다 보면 의외로 서로의 진의를 파악하는 데 에너지를 소비하는 경우가 많다. 저자는 애초에 이런 원고를 쓰기로 했는데 왜 수정해 달라고 하냐며 불만을 토로하고, 디자이너가 엉뚱한 표지시안을 보내서 황당했던

편집자를 위한 출판수업

경험을 곰곰이 생각해보자. 편집자가 자신의 생각을 정확하게 전달할 때 기획의 수정도 빠르고 완성도 있게 나옴은 물론 타깃 독자에게 어필하는 좋은 원고, 좋은 디자인의 책이 나오게 된다.

주파수를 독자에 맞추어라

편집자도 사람이다. 때문에 우선 내 마음에 드는 기획이어야 애정도 생기고, 의욕도 커지는 것이 사실이다. 하지만 맡기 싫거나 관심 분야가 아닌 책도 담당하게 되는 것이 현실이다. 그렇다고 '이번 책은 대충 해서 내야지'라고 생각한 편집자는 없다. 편집 업무가 그렇게 되지 않는다. 다만 신경을 '많이' 쓰고, '조금 덜' 쓰는가의 차이일 뿐.

편집장 입장에서 담당 편집자가 얼마나 신경을 쓰고 있는가는 눈에 보인다. 진행하는 책과 관련된 질문 몇 가지만 해보면 얼마나 집중하고 있는지는 금세 답이 나오기 때문이다. 여기서 편집장의 주문은 모든 책에 목숨 바쳐서 집중하라는 것이 아니라, 어차피 수개월 이상 책임지고 진행할 책인데 이왕이면 조금 더 효율적으로 진행했으면 하는 것이다.

편집자는 책을 만들어내는 역할과 동시에 이 책의 첫 독자이다. 그리고 여기서 중요한 점은 첫 독자인 편집자의 역할은 독자의 대리인 역할, 나아가 타깃 독자층의 트렌드를 읽고 주도해야 한다는 것이다. "~한 부분이 저는 재미 있었습니다."라고 원고 검토서를 썼다가 편집장에게 재작성 지시를 받았다며 억울해 하는 후배가 있었다. 내용이 틀린 것도 아니고, 독자층의 트렌드에 맞지 않는 말도 아니었는데 굳이 그렇게까지 할 필요는 없지 않냐는 항변이다. 나는 좋은 것을 배운 줄 알라고 얘기해주었다. 그냥 넘어갈 수도 있는 작은 부분이 아니라, 책을 만드는 자세에서 큰 차이를 내는 것이라고.

우리가 만들 책을 재미있게 읽어야 할 주체는 편집자 자신이 아니라 이 책을 구매해서 읽을 독자여야 한다. 때문에 원고 검토는 물론 교정교열을 하면서, 제목을 정하면서, 디자인을 발주하면서 편집자 자신이 아닌 독자의 대리인 자격으로 바라보고, 타깃 독자의 의견을 들을 기회를 만드는 노력을 해야 한다. 책을 만드는 동안 편집자는 수많은 독자 중에 가장 먼저 책을 읽는 혜택을 받은 첫 독자가 아니라, 이 책이 수많은 독자에게 선택되도록 고민해야 하는 제품개발자라는 것에 의미를 부여해야 한다. 편집자의 자기만족은 지극히 개인적인 경험과 취향에 의한 것이 아니라, 말 그대로 상품기획자로서의 자기만족이어야 한다.

관심과 호기심을 가져라

마감 즈음에는 항상 일정에 쫓기게 돼서 코앞에 닥친 업무 처리에 바빠 다른 일을 할 마음의 여유가 없다. 급한 건을 겨우 처리하고 한숨 돌리는데, 이번에는 편집장이 마케팅 제안서와 마케팅용 자료를 제출하라고 독촉한다. 일단 책을 만들어야 그 다음에 마케팅도 있는 거 아니냐고 큰 소리라도 지르고 싶은 마음이다. 편집자라면 누구나 경험하는 일이다. 하지만 그 다음의 일처리는 개인마다 분명한 차이를 보인다. 지시받은 자료를 1~2시간 안에 제출하는 편집자가 있는가 하면, 반나절 이상 끙끙대면서 진도를 내지 못하거나 그때야 비로소 저자와 통화해서 마케팅에 대해 논의하는 편집자도 있다. 수개월 동안 자신이 담당한 책의 마케팅 아이디어가 없어서 쩔쩔매는 모습을 보는 편집장 속도 터질 노릇이다. 그렇다고 일을 건성으로 하는 것도 아닌데, 유달리 이 부분에서 애먹는 편집자들이 있다. 마케팅에 관심이 없거나 본인이 그쪽으로는 자질이 없는 것 같다고 자조적으로 말하기도 하는데, 보통은 재능의 문제보다는 관심을 차이인 경우가 많다.

그 책의 저자와 가장 많이 소통하고, 그 원고를 가장 자세히 읽고 경쟁도서와 관련 자료를 가장 많이 접한 사람은 담당 편집자이다. 때문에 그 책의 마케팅 아이디어가 가장 많은 사람도 당연히 본인이어야 한다는 점을 받아들이자. 그리고 저자와 소통하면서, 원고를 읽으면서, 경쟁도서와 관련 자료를 검토할 때 함께 마케팅을 염두에 두어야 한다. 저자의 사소한 말에서 아이디어를 얻고, 경쟁도서의 마케팅 방법을 체크하는 것은 책을 기획하고 편집하는 지난 수개월 동안 틈틈이 머릿속에 입력해놔야 수월하다. 나중에 마케터와의 회의를 앞두고서야 조사하는 것이 아니라는 말이다.

원고를 읽으면서 저자와 회의나 담소를 나누면서 항상 관심과 호기심을 가지도록 하자. 선배나 편집장이 진행하는 것을 눈여겨보았다가, 참고해서 자신만의 매뉴얼을 만들어 보는 것도 좋다. 저자에게 질문할 내용을 미리 정리하거나 다른 출판사의 마케팅 사례를 추적해서 점검해 보는 것도 큰 도움이 된다.

'편집자로서 어떤 마케팅을 하고 있냐?'고 후배들에게 물어보니, SNS에 글을 올리거나 신간 포스팅 자료를 작성하고 언론사에 보낼 보도자료를 작성하고, 관련 매체나 업체에 저자 인터뷰나 강연 등을 위한 제안서를 작성해서 보낸다고 한다. 좀더 적극적인 경우에는 판촉물을 만들고 온오프라인서점의 이벤트를 기획한다는 정도다. 적어도 우리가 왜 마케팅까지 해야 하냐고 말하는 편집자는 없어서 그나마 다행이지만 대부분 출간 후 판매 촉진에 집중되어 있고, 기획과 편집 과정의 마케팅에 대해서는 소홀하다는 점은 크게 아쉬웠다.

이제는 우리가 만들어내는 책의 '정가'가 마케팅 전략이 될 수 있고, '본문 디자인'이 마케팅 전략이 될 수도 있는 시대다. 보다 유연한 자세로 '편집자의 마케팅'에 대한 정의를 다시 내리고, 지금보다 훨씬 더 무겁고 깊숙하게 자신의 업무에 반영하길 바란다.

저자와 편집자,
엄청나게 가깝지만
놀라울 만큼 낯선

05

– 저자와 편집자의 트러블을 해결하는 법

내가 출판사에 처음 입사할 때 가장 기대가 컸던 것은 책이 만들어지기 전에 먼저 원고를 볼 수 있다는 점이었다. 돈을 주고 구입해서 읽던 책을 '월급까지 받으면서 실컷 읽을 수 있겠다'는 아주 야무지고 순진한 생각을 했던 것으로 기억한다. 요즘도 가끔 류시화 시인의 시집 제목처럼 '지금 알고 있는 걸 그때도 알았더라면' 어땠을까 가끔 상상하기도 하는데, 그렇다고 오해는 하지 않았으면 한다. 나는 아직도 책 만드는 일을 아주 좋아하니까. 하지만 좋아하는 일을 한다고 매순간이 행복하기만 할까. 한 분야에 십 년 이상 종사하면 숙련된 전문가 소위 베테랑이라 할 수 있는데 아직도 책을 진행하다 보면 늘 새로운 변수가 생기고 하나도 쉽게 넘어가는 경우가 없는 것 같다. 신참들이야 오죽할까, 가끔씩 힘들어하는 모습을 보면 안쓰럽기도 하다.

경력이 많든 적든, 편집자를 가장 힘든 일 중의 하나가 사람 간의 '관계'다. 동료 편집자부터 편집장, 디자이너, 마케터, 제작업체 담당자 그리고 회사의 대표까지 편집자가 상대할 사람이 참 많다. 그 중에서도 가장 힘들어하는 이가 있으니, 두둥~ 바로 '저자님'이시다. 서로 의견이 맞거나 어느 한쪽에서 맞춰주는 동안은 관계가 그렇게 매끄러울 수 없지만, 어느 지점에서 의견이 다르거나 양쪽 다 맞춰주기를 거부하는 순간 그보다 껄끄러운 관계도 없다. 도저히 양보하거나 맞출 수 없는 문제로 이견이 생길 때 편집자는 어떻게든 저자가 이해하도록 설득해야 하는데 이것이 보통 어려운 일이 아니다.

저자들의 많이 갖는 편견과 오해, 미리 풀어주기

① 나는 고작 10%, 출판사는 내 책을 팔아 떼돈을 번다?

"어째서 저자 인세는 10%가 관행인 거죠?" 대부분의 저자들은 출판업계의 유통 구조에 대한 지식이 없다. 계약할 때 이 부분에 대해 설명을 해주어도 곧잘 잊어버리고 잘 팔리면 잘 팔리는 대로, 안 팔리면 안 팔리는 대로 볼멘소리를 하는 경우가 종종 있다. 그러면서 앞의 질문을 제일 많이 한다. 저자와의 트러블을 피하려면 미리 이런 부분에 대해 어느 정도 자세히 설명해둘 필요가 있다.

첫 책을 내는 저자는 말할 것도 없고, 우리 출판사와 처음 계약을 맺는 저자에게는 서점 출고율과 제작비, 유통관리비 등에 대해 충분히 알려주자. 의외로 많은 저자들이 이 점을 궁금해 하면서도 쉽게 묻지 못하고 나중에 혼자 오해하며 감정을 쌓아가는 경우가 많다. 출판사와 저자는 공동 운명체이며, 출판사 수익구조에 대해서도 대략 알려주도록 하자.

② 원고 기한을 넘겨서 출판사에 큰 손해를 끼치고 있다?

저자에게 책 원고는 자신의 모든 지식과 그동안의 눈물겨운 노고가 담긴 옥고玉稿임에 틀림없다. 그래서 요즘은 덜하지만 계약서에 마감 기간을 명시해놓고도 차마 자식을 떠나보내지 못하는 어머니의 심정으로 고치고 또 고치거나 아니면 더 쓰기도 고치기도 힘든 자식, 정면으로 바라보기 힘들어 최종 수정을 안 하고 미루고만 있는 저자가 많다. 그러면서 출판사 담당 직원에게 오는 전화를 받지 않거나 심한 경우 잠수를 탄다.

너무 기한이 늘어지면 출판사뿐 아니라 저자도 힘들어지면서 감정적으로 골이 생기고 결국에는 책 출간이 힘들어진다. 늘어질 것 같으면 미리 중간에 스케줄 정리를 다시 한 번 해놓아야 한다. 모든 책은 시기가 있고 원고가 너무 늦어질 경우 영향을 끼칠 수 있고 담당 편집자도 다른 일을 하게 되어 원고가 들어와도 바로 책을 낼 수 없음을 알려놓자. 그래도 원고 쓰기를 힘들어하는 경우 저자와 협의해서 공동 저자를 세우든, 가능한 쪽으로 원고 수정 방향을 틀어 일단 마감을 시켜야 한다. 마감을 하고 부분 수정은 의외로 쉽게 해내는 경우가 많기 때문이다. 최악의 경우 계약 파기도 고려해야 한다.

③ 원고를 넘겨줬는데 왜 책이 나오지 않지?

앞의 내용과 연결될 수도 있는데 출판사는 자신의 원고만 기다리고 있고 원고가 입고되는 대로 바로 스타트! 그로부터 오래 걸린다고 해도 한 달이면 책이 나오고도 남는다고 생각하는 저자가 많다. 심지어 이제 전세가 역전되어 마감 후 한 달 뒤로 아예 출간 기념회까지 예약해놓고 편집자를 닦달하기도 한다. 이 경우에는 조금은 단호하게 좋은 책을 만들기 위해서는 나름의 시간이 필요하며 단순히 원고를 컴퓨터에 흘려 편집하고 그냥 한 번 읽어보고 인쇄를 하는 것이 아님을 알려야 한다. 원고가 입고되어도 다각적으로 검토 후 출간 여부를 결정하고, 이후 일정 계획을 다시 짜서 원고 분석, 독자 분석, 시장 분석을 하고 출간 시기까지 새로 정해진다는 것을 설명해줘야 한다.

**④ 최종 원고를 넘겨주면 끝, 나머지는 출판사가 다 알아서
해야 한다.**

마감을 했다는 것은 원고의 전체 구성에 맞춰 내용을 채
웠다는 의미다. 사실 소설이나 수필이 아닌 이상 웬만한 책
은 '마감 = 이제 내용 수정 시작'의 의미가 더 큰 경우도 많
다. 그런데도 자신은 마감을 했으니 나머지는 편집부가 알아
서 하라며 손을 놓는 저자가 있다. 처음 계약할 때부터 '완
전 원고'의 의미를 다시 한 번 짚어주자. 결국 저자가 어느 정
도 수정했느냐에 따라 책의 완성도가 달라지고 시장의 반응
도 차이가 나기 때문이다. 이후 마케팅에도 저자의 역할이
중요한 시대다. 저자의 특성에 맞게 홍보 · 마케팅 전략을 함
께 세우면서 주도적인 활동을 독려하도록 하자. 의외로 많은
저자들이 '출판권'과 '저작권'의 개념에 대한 정보나 지식이
없다. 출판사는 계약 기간 동안 출판할 수 있는 권리만 가지
고 있는 것이고, 책의 저작권을 가지고 있는 저자가 모든 활
동에 적극적으로 임해야 하는 것이 당연하다는 점을 알려
주어야 한다.

여기까지 써오다 보니 지금까지 저자와 힘들었던 상황이 눈앞에 파노라마로 떠오른다. 물론 좋았던 기억이 더 많지만 머피의 법칙처럼 우리는 힘들었던 상황이 더 잘 기억나고 가슴에 남는 법 아닌가.

저자와 트러블이 생겼을 때 나만의 대처법

내 경험상 출판사 일을 하면서 가장 보람찬 경우는 책이 내용과 마음에 맞게 제목이며 디자인이 다 안성맞춤으로 나와 막 따끈따끈한 책을 손에 들었을 때다. 가장 골치 아픈 일 중 하나는 당연히 이미 저자와 트러블이 생겼고, 이를 해결해야 하는 때이다. 원고 콘셉트나 내용상의 문제든 진행상의 어려움이든 이미 벌어진 트러블을 해결하려면 서로 다른 입장 차이를 설명하며 설득해야 하는데 그게 어디 말처럼 쉽겠는가? 일단 트러블이 생겼다는 것 자체가 마음의 문을 꽁꽁 달아걸고 눈과 귀를 막아버렸다는 의미 아닌가? 그래도 편집자는 꼬인 문제를 풀어 일이 되게 만드는 사람이니 오늘도 전화를 들어, 쫓아가서 저자와의 트러블을 해결한다.

솔직함을 무기로 삼는다.

내 트러블 해결의 첫 번째 원칙은 솔직하기다. 대충 뭉개며 어물쩍 넘어가려 하거나 바로 이 순간만 모면하려고 되는 대로 저자의 마음을 꾈 거짓말을 늘어놓아서는 안 된다. 그렇다고 솔직하게 회사의 입장만을 고집해 저자에게 통보하는 식으로 해도 곤란하다. 내 입장과 저자의 입장에 차이가 있음을 객관적으로 말하며 간극을 줄이려면 어떻게 해야 하는지 서로 대화로 방법을 찾고 싶어 한다는 마음을 솔직하게 보여준다. 그런데 이때 공감이 담긴 솔직한 대화하기에도 몇 가지 기술이 있다. 바로 저자의 유형을 파악해 그에 맞춰 대화를 이끌어가는 것이다.

저자 유형에 따라 대화의 접근법을 달리한다.

사람은 저마다 감정적인 표현 방식이 다르다. 수년 전에 '두뇌형, 가슴형, 장형 유형에 맞춰 대화하기' 강의를 들은 적이 있는데 이후 의식적이든 무의식적이든 상대가 지금 가장 먼저 듣고 싶어 하는 말은 무엇일지 생각해보는 습관이 들어졌다.

가슴형 저자

매사 억울해하며 감정적으로 받은 상처를 먼저 알아주었으면 스타일이다. 이런 저자에게는 감정적으로 공감의 말을 하며 다가간다. 먼저 저자의 말을 들어주고 정말 그랬을 것 같다고

편집자를 위한 **출판수업**

공감해준다. 그런 다음 내 감정도 알아달라고 설득한다.

두뇌형 저자

논리적이고 합리적인 이해를 원하는 스타일이다. 시장조사 결과나 각종 데이터, 독자 평가단의 의견 등을 제시하며 최대한 객관적이고 이성적으로 다가간다.

장형 저자

왜 안 되느냐, 왜 못하느냐 가장 목소리 크게 주장하므로 처음에는 무섭게 느껴질 수 있다. 그러나 일단 대화의 말문을 트면 이런 유형만큼 화끈한 사람도 없다. 솔직하게 이래서 못했는데 언제까지 이렇게 하겠다고 말해주면 의외로 금세 협력 관계를 만들 수 있고 뒤끝도 없는 스타일이 많다. 변명을 늘어놓기보다는 잘못이 있다면 솔직하게 시인하고, 오해하는 부분은 요점만 들면서 설명한 후 해결책과 앞으로의 계획을 알려주는 것이 좋다.

그런데 잠깐, 솔직하라는 것을 저자에게 문제가 있으니 이렇게 되었다고 말하라고 오해하는 사람은 없겠지? 그건 '솔직'이 아니다. 내용상의 문제든 진행상의 문제든 일이 여기까지 온 것에는 둘 다의 책임이 있다. 나 또한 책임을 다하지 못한 것이다. 문제를 해결하려면 내 숙제를 충실히 해야 한다. 먼저 왜 이런 일이 생겼는지, 해결책은 무엇인지, 어떤 방식으로 풀어나갈지 열심히 궁리해보아야 한다는 의미다.

저자와 편집자는 무엇보다 좋은 책을 내고자 하는 같은 마음이므로 벌어진 문제를 어떻게든 수습해 발전적인 방향으로 나아가려고 한다. 그래서 솔직하게 대화한다면 많은 문제가 풀린다.

조금 특별한
저자와의
책 작업

– 저자가 인기 연예인, 방송인인 경우

2016년 7월 초, 유명 힙합 가수이자 랩퍼, 작곡가인 도끼(DOK2)의 에세이 ≪일리네어 라이프≫가 출간 즉시 베스트셀러 상위에 올랐다. 도끼(DOK2)가 사람 이름이고 더구나 힙합을 하는 가수이자 작곡가라는 사실조차 몰랐다며 몇몇 편집자들이 놀랍다는 이야기를 했다. 대중적으로 유명한 스타가 아니라 마니아적인 연예인(?)의 책이 이 정도로 판매될 줄은 몰랐다는 것이다.

이미 연예인이나 방송인 또는 유명 블로거의 책이 베스트셀러에 오르는 것이 낯설거나 신기한 일이 아니다. 몇몇 출판사는 미디어팀 또는 방송미디어본부 등의 이름으로 부서를 만들어 방송사와 엔터테인먼트 업체를 특별 관리하고 있을 정도다.

매스미디어, 책의 콘텐츠

매스 미디어는 우리가 만든 책을 홍보할 수 있는 매체가 되기도 하고, 때로는 우리가 만들 책의 콘텐츠가 되기도 한다.

최근 출판계의 화두가 되었던 OtvN의 〈비밀독서단〉에 소개된 책들의 판매는 고공행진을 했고, 방송인이자 외식경영 전문가인 백종원의 ≪백종원이 추천하는 집밥 메뉴≫, 인기 셰프인 샘킴의 ≪맛있는 브런치≫를 비롯해, 인기 아이돌 그룹 인피니트의 멤버 엘의 ≪L's Bravo Viewtiful≫, 컬러링북이라는 아이템으로 인터파크에서 출간한 EXO의 ≪EXO : A DAY IN EXOPLANET≫, 최근 출간된 랩퍼 도끼의 ≪일리네어 라이프≫ 등이 출간 즉시 종합 베스트셀러 상위에 올랐다. 론 그 외에도 인기 연예인 고현정, 최강희, 한혜진, 유진, 박수진 등 헤아릴 수 없는 수많은 스타들의 책들을 우리는 기억하고 있다.

물론 연예인이나 유명인의 책이라고 모두 다 베스트셀러가 되는 것도, 대중적인 인기가 책의 판매와 정비례하는 것은 아니다. 하지만 앞으로도 연예인이나 방송인, 대중적인 유명인의 책은 계속 출간될 것이라 생각된다. 과거에는 그들의 책을 허술한 내용을 상업적으로 포장하여 출간한다는 비판의 소리도 있었지만, 한 분야에서 입지를 굳힌 그들의 스토리 또한 인정해야 할 장르라 굳어지는 분위기다.

나 역시 연예인이나 유명 방송인의 책을 출간한 경험이 있다. 그 때마다 주변의 편집자 선후배들이 어떻게 섭외를 했고, 작업하기는 어땠냐며 관심을 표명하곤 한다. 이들과의 작업 경험이 없는 경우에는 굉장한 노하우나 인맥이 있을 것이라 생각되는 모양이다.

〈상대적이고 절대적인 편집자 매뉴얼〉 연재에 대한 『기획회의』 때 연예인과의 책 작업에 대한 얘기를 듣고 싶다는 이야기가 나왔는데, 솔직히 이 주제는 고민이 많았다. 어떤 이야기가 궁금할지 감이 오지 않았고, 무엇보다 저자가 연예인이라고 해서 특별할 것이 없다는 생각이 먼저 들었기 때문이다. 그때 곁에 있던 선배가 경험이 있는 것과 없는 것의 차이가 아닐까 한다며, 이 주제를 다루었으면 좋겠다고 했다. 더욱이 경력이 짧은 편집자라면 이 부분에 대해 궁금할 수도 있겠다는 생각으로 진행 과정에서 일반적인 경우와 조금 달랐다고 생각되는 부분을 소개해 보겠다.

그리고 앞서 말한 것처럼 연예인, 방송인, 유명 블로거 등의 대중 인기인에 대한 이야기지만, 편의상 연예인이라 통칭한다.

섭외 및 계약 과정

일반 저자의 섭외 및 계약 과정과 가장 큰 차이는 연예인(저자) 당사자와 직접 연락하고 협의하기 어렵다는 점이다. 특성상 소속사의 담당자나 매니저 등의 대리인을 통하는 경우가 대부분인데, 출판사나 연예인 어느 쪽에서 먼저 제안하는 것인지 관계없이 계약서 작성까지의 과정은 소속사를 통해서 진행을 하는 것이 보통이다. 즉 책의 콘셉트나 원고 집필 과정, 계약금 및 인세 조건, 출간 시기, 홍보 마케팅 계획 등 전반적인 이야기를 소속사 담당자와 협의한 후에 계약서를 작성하게 된다. 이때 주의해야 할 부분은 저자인 연예인 당사자의 출판에 대한 의지와 기획안에 대한 관심과 어떤 콘텐츠를 가지고 있는지 점검해야 한다는 점이다. 이 부분에 대한 검증과 확신이 없는 상태에서 소속사의 말만 믿고 진행했을 경우, 원고 진행에 차질이 생겨 애먹는 경우가 간혹 있기 때문이다.

반대로 연예인 본인과 직접 연결된 경우에도 계약 전에 소속사의 승인과 협조사항 등을 확인해야 한다. 소속사는 말 그대로 계약 기간 동안 그 연예인의 활동 전반을 관리하는 곳이기 때문에 소속사 측과 협의하지 않은 채 계약을 진행했다가 스케줄 조정에 어려움을 겪거나 계약 자체가 결렬될 수도 있다는 점을 명심해야 한다. 소속사가 있는 연예인의 경우는 갑-을-병의 삼자간 계약서를 작성하는 것이 가장 확실하다.

연예인의 경우 섭외할 때 향후 계획에 대해 충분히 얘기를 나누는 것이 중요하다. 앞으로의 활동 계획이나 일정, 그리고 개인적인 관심사와 라이프 스타일 등에 대한 이해가 기획안을 정리하고 홍보 마케팅 아이디어를 구상을 하는 데 크게 도움이 된다. 단순한 인기 개그맨, 배우, 가수가 아니라 '나눔과 봉사에 관심이 많은' 개그맨, '오지 여행이나 맛집 탐방을 즐기는' 배우, '해외 진출을 앞두고 수준급 외국어 실력을 가진' 가수가 훨씬 다채로운 스토리를 담을 수 있다는 점을 명심하자.

원고 집필

MBC-TV의 〈복면가왕〉이라는 프로그램을 재미있게 보고 있는데, 가면을 쓴 채 노래를 듣다가 정체를 안 이후 의외의 인물이라는 점에서 편견을 깨는 '반전의 재미'가 크다.

연예인의 책을 출간한 후 저자가 직접 집필했냐는 '짓궂은' 질문을 받는 경우가 있다. 내가 짓궂다고 표현한 이유는 질문하는 이의 모습에 '직접 집필하지 않았을 것'이라는 확신이 느껴질 때가 많기 때문이다.

내 경우는 2/3 정도의 연예인이 직접 원고를 작성했고, 나머지는 초고를 작성한 후 리라이팅을 하거나 인터뷰를 통해 원고를 추가해서 완성하였다. 연예인은 직접 원고를 쓰지 않을 것이라는 편견은 이제 깨도 좋다고 생각한다. 비록 조금 미숙하더라도 자신의 스토리나 콘텐츠를 진솔하게 전달하고자 하는 경우가 많았기 때문이다. 바쁜 스케줄이나 부득이한 이유로 집필이 힘든 경우는 전문 작가의 도움을 받는 경우도 있으나, 이때는 공동 작업임을 밝히는 것이 당연하다.

대부분 새로운 분야에 도전한다는 부담감과 시간부족 등의 어려움을 공통적으로 가지는데, 동시에 잘해보고 싶다는 의욕을 보이는 경우가 많다. 각 저자마다 원고 집필을 방해하는 원인이 무엇인지 파악하는데, 담당 매니저의 도움을 많이 받는 편이다.

출간 후 홍보 마케팅

홍보마케팅 부분은 연예인과 계약할 때 가장 신경을 써야 할 부분이다. 앞서 말한 것처럼 소속사와의 관계가 있기 때문이다. 출간 후 사인회나 출간기념 강연회나 인터뷰 등의 횟수와 조건 등을 계약서에 구체적으로 명기해 두어야 스케줄 조정 등의 요구를 확실히 할 수 있다.

연예인은 특성상 이미지 관리에 신경 써야 할 부분이 생각보다 많다. 계약된 CF나 프로그램, 향후 계획 등의 이유로 출판사에서 일반적으로 진행하던 것들이 제약을 받는 경우가 종종 있기 때문이다.

예를 들어 A라는 업체에서 홍보 관련한 제안이 들어왔지만, 저자인 연예인이 경쟁사인 B업체와 프로젝트 진행 중이라 A업체와 새로운 일을 벌이기 어렵다, 뭐 이런 식의 제약이 있는 것이다. 일반적인 경우보다 더 꼼꼼하게 협의하고, 자세한 내용을 사전에 공유하는 것이 좋다.

사인회나 출간기념 강연회, 공연 등 대중과의 만남의 자리를 준비할 때에는 일반적인 경우보다 훨씬 더 신경 써야 한다. 10여 년 전, 싱어송라이터 저자의 사인회를 준비하다 오래된 스토커의 출현으로 소란스러워진 일이 있었다. 힘들게 준비한 행사가 무산될 뻔했는데, 지금 생각해도 아찔하다. 연예인을 직접 관리하는 매니저와 충분히 논의하여 준비할 사항과 주의점 등을 미리 점검하여 준비하도록 한다.

연예인 저자들은 어떤 점이 특별한가?

지극히 개인적인 경험이라 모든 연예인이 그렇다고 말할

수는 없지만, 내 경험상 연예인 저자들은 '중간'이 없는 느낌이다.

"매우 적극적이거나 매우 소극적이다"

"매우 소탈하거나 매우 까다롭다"

"매우 급하거나 매우 느긋하다"

"매우 꼼꼼하거나 매우 덜렁거린다."

"셈에 매우 밝거나 매우 어둡다"

단순히 잘나가는 연예인이나 방송 관계자라서 바쁜 척하고, 까다롭게 굴고, 사람을 믿지 않는 게 아니라 역지사지해보니 그럴 수밖에 없는 속사정이 있더라는 말이다. 여느 직업군이나 저마다의 특성이 있듯이 연예인 역시 생활환경에 따른 공통적인 특징, 대중의 시선을 많이 의식해야 하고 개인 생활이 자유롭지 못하고, 말 한마디와 행동 하나하나가 사람들의 주목을 끌고 회자되는 등의 공통점이 있었다. 때문에 담당 편집자는 항상 관심을 갖고 모니터링 하면서 섬세한 배려를 해줄 필요가 있다.

제 4 부

그 많던 편집자는
다 어디로

이옥란

교정은
'과정'이다

    교정에 대해 오해가 있다. 그 뜻을 너무 좁게 파악한 데서 오는 오해다. 업무를 내부적으로 파악하지 않고 외부의 표면적 시각으로 파악해서 생긴 오해다. 연못을 헤엄치는 새의 우아한 움직임은 물속의 사정을 모르고서 제대로 말할 수 없고, 수면 위로 솟은 것만으로는 빙산의 크기를 다 알 수 없다. 오자를 없애는 일이 교정인가? 비문을 바로잡는 일이 교정인가? 교정이란 말의 용법부터 살펴보자. 교정은 '출판물의 교정', '원고의 교정', '문장의 교정'의 차원으로 용법을 분류할 수 있다. '출판물의 교정'은 원고를 기반으로 이루어지는 편집자의 업무 전반을 포괄하는 표현이다. 따라서 저자가 원고를 탈고할 때, 일간지나 잡지를 만들 때 등의 교정과 대비되며, 특히 다양한 구성요소로 이루어진 일정한 분량의 내용물을 제한된 판면에 제한된 방법으로 구현하고,

초교 재교 삼교 등 여러 단계를 거치며 완성한다는 등의 출판물의 제작과정의 특성을 강조한 표현이다. '원고의 교정'은 책임 편집자의 업무로서 특히 교정쇄가 진행되는 각각의 공정에서 이루어지는 작업을 말한다. 갓 입고된 파일에서부터 교정 1쇄, 교정 2쇄, …… 최종쇄에서 각각 이루어지는 작업이다. 각각의 쇄에서 원고는 전체로서 한눈에 조감되어야 하며, 그 상태로 비로소 '문장의 교정' 단계에 들어설 수 있다(텍스트의 교정은 문장 단위에서 이루어진다. 문장의 교정은 판면에 함께 놓여 유기적으로 연결된 다른 구성요소들의 관계를 고려하며 진행된다. 비문이 아닌 것도 교정한다). 이와 같은 교정쇄 작업이 수차례 진행된 다음 '교료'(校了), 교정이 끝나는 것이다. 출판물의 교정은 '과정'이다.

원고를 장악해라!

출판의 절대적 전제조건은 두말할 것 없이 원고다. 원고 없이 출판은 없다. 교정 없이 책이 없다. 그러니 편집자는 원고를 장악해야 권한이 확고해진다(권력이 생긴다). 한 권의 책에 대해 편집장보다 책임 편집자의 권한이 큰 이유다. 200자 원고지 1000매 내외의 단행본도, 5000매가 넘는 '벽돌책'도 편집자가 끝까지 반복하며 정확하게 '읽어야' 비로소 완성되니까. 텍스트를 읽지 않고 책을 만들 수 없다. 편집은 인간의 사유의 결과물인 텍스트를 다루는 일이다. 편집자는 텍스트 내부의 맥락을 읽는 사람이며, 그것을 사회적 맥락으로 확장하는 사람이다. 강조하건대 편집자에게 필요한 기본적이고 중요한 자질 중의 하나는 텍스트를 감당하는 능력이다. 텍스트는 문장으로 이루어져 있으니 편집자에게는 문해력과 더불어 문장을 다루는 능력이 요구된다.

책임 편집자의 업무를 구체적으로 살펴보자. 이는 적어도 완전원고가 입고된 직후부터 시작된다. 텍스트를 판면에 앉히고 교정을 마치기까지가 좁은 의미의 '편집' 과정이다. 이때의 업무를 살펴보기로 하자. 무엇부터 시작하는가? 그의 손에는 벌써부터 원고를 교정할 빨간 펜이 들려 있는가? 저자가 보내온 글의 첫 문장부터 비문은 아닌지, 오자는 없는지부터 살피는가? 아니다. 가장 먼저 할 일은 '편집 계획'을 세우는 것이다. 자, 그러기 위해서 첫 번째 '원고 읽기'를 시작한다. 원고 검토다. 이때는 객관적인 거리를 유지하는 것이 중요하다. 원고를 어떤 책으로 만들 것인지를 최초로 구상하는 단계로, 내용을 꼼꼼하게 읽는 것이 아니라 내용과 형식을 아울러 전체적으로 파악하며 책이 놓일 자리, 책을 읽을 사람, 책에 쓰일 비용 등을 염두에 두고 '책의 상'을 잡는 것이다.

①내용과 분량, 형식, 구성요소 등, 원고를 두루 다각도로 검토하여, ②글의 완성도와 주제, 구성 및 문체를 점검하고, ③강점을 파악하고 약점과 보완책을 제시하며, ④편집의 방향을 설정한다. ⑤시장조사로 유사 도서를 분석하고, 독자층을 판단하고, 출판 분야를 정한 다음, ⑥홍보 방안을 세우고, ⑦책의 형태를 구상하고, ⑧예상 가격을 산정하고 예상 판매부수를 가늠한다. ⑨발행시점을 기준으로 추후 일정을 정리한다.

이러한 내용을 서류로 만든 것이 편집기획서인데, 기록 여부와 상관없이 편집자는 반드시 이 일을 해 두어야 저작자뿐만 아니라 매 작업단계의 자기 자신, 디자이너와 마케터, 그리고 인쇄소 등 여러 현장의 담당자들과 협업하며 작업 과정을 일관성 있게 관리할 수 있다.

편집자가 본격적으로 편집 작업을 시작하기 전에 반드시 확인해야 할 것이 있다. 바로 원고의 완성도이다. 저작자는 출판사에 '출판에 적합한 완전한 원고'("저작물을 복제하기 위하여 필요한 원고")를 인도해야 한다. 그러나 현실이 늘 그런가? 원고를 받자마자 곧바로 판면에 앉혀서 초교, 재교, 삼교 만에 인쇄 준비를 마칠 수 있는 경우가 얼마나 될까?

저자가 기획의도대로 집필하고 충분히 시간을 들여서 퇴고한 '출판에 적합한 완전한 원고'를 받는 경우가 얼마나 될까? 그러나 최소한 일정한 수준 이하의 원고로 작업을 시작해서는 안 된다. 유능한 편집자가 아무리 열심히 한다 해도 '원작의 한계'를 벗어날 수 없다. 편집계획을 세울 때마다 원고를 검토한 직후, 원고의 완성도 '점수'를 매겨보길 권한다. 예를 들어 100점을 만점으로 하고, 책으로 완성되었을 때의 점수를 산정한 다음('99점에서 88점 사이라면 A급' 하는 식으로), 편집 과정을 거치며 보완한다는 전제로 현재 원고의 점수를 산정해 보는 것이다. 40점 미만이라면 출판 불가. 이때는 재탈고를 요청하는 등 공을 재빨리 결정권자나 당사자에게 되돌려 주어야 한다. 73점 정도라면 각각의 단계마다 편집 본연의 일에 집중하며 과정을 상대적으로 수월하게 진행할 수 있을 것이다. 67점이라면 편집 작업의 강도가 그보다 높아지거나 책의 완성도가 떨어질 것이다. 45점인 원고라면 시간과 비용을 더 들이고 저작자가 책임질 영역까지 감당할 각오를 하거나, 시간과 비용을 최소화하여 낮은 등급으로 시장에 내놓거나.

독자로서 실망하게 만드는 책이 있다. 잘못 만들어진(또는 잘못 대우받은) 책은 심지어 독자에게 상처를 주기도 한다. '불완전한 원고'를 맡아야 하는 일이 잦다면 원인을 찾아 해결책을 마련해야 한다. 그러지 못하면 편집자 자신의 일에 대한 만족도뿐만 아니라 '삶의 질'도 떨어진다. 편집자가 책임지지 못한 책은 독자에게도 저자에게도 편집자 자신에게도 독이 된다. 할 수 없는 일을 해내겠다고 하지 마시라. 원고를 장악하시라. '판단'하고 권한을 행사하시라.

원고의 교정: 헤아려서 바로잡는 일

실제 교정에서는 어떤 일이 벌어질까? 세 가지 측면에서 원고의 교정을 정의해 보자.

첫째, 교정은 머리를 쓰는, 지식 노동이다. 출판 용어로 표준국어대사전에 등재된 낱말에는 교정(校正), 교정(校定), 교정(校訂)이 있다. '원고를 교정한다'고 말할 때는 마지막에 쓴 교정(校訂)이면 족하다. 교정의 사전 정의는 "남의 문장 또는 출판물의 잘못된 글자나 글귀 따위를 바르게 고침"이다. 업무를 소개하기에는 제한적인 표현이다. 그보다 더 간단하게 한자어의 뜻 자체로 이해해 보자. 교(校)는 '헤아리다', 정(訂)은 '바로잡다'. 교정은 원고를 '헤아려서 바로잡는' 일이다. 교정은 전체 공정의 흐름 속에서 진행되며 출판물의 완성도를 높이는 '지식 노동'이다.

둘째, 교정은 과정이다. 특히 이때의 교정은 오자나 비문(다 만들어진 책에서 오류로서 발견되는 존재들. 빙산의 일각 같은 것)을 바로잡는 것을 넘어서서, 원고의 검토 단계에서부터 편집공정 각각의 단계에서 원고를 전체적으로 이해하고 맥락과 사실관계를 확인하고 원고의 내용과 형식, 주제, 완성도, 구성요소와 판면의 구조, 핵심 독자와 제작비용, 디자이너 등의 협력자, 일정 등 제반 조건을 파악한 상태에서 교정쇄를 거치며 진행하는 '과정으로서의 교정'이다. 한 권의 책에는 한 사람의 책임 편집자가 있다. 그가 텍스트를 전체로서 다루는 일련의 과정을 반복하며 한 권의 책을 만든다.

셋째, 교정은 판단하고 설득하는 일이다. 원고는 저작자의 것이며, 내용에 대한 책임은 저작자에게 있다. 저작자에게는 자기 글에 대한 권리(동일성유지권)가 있고, 교정을 책임져야 한다. 문장을 상식이나 관성으로 함부로 대해서는 안 된다. 고칠 것인가? 말 것인가? 편집자는 매순간 '판단'해야 한다. 고친다면 왜 고치는가? 원문을 교정한 까닭에는 '설득력'

이 있어야 한다. 판단의 근거가 확실하면 설득력이 생긴다. 확실한 근거는 결정적으로 저작자를 설득할 수 있게 한다. 자연스럽게 이해되는 글은 가독성을 높여 독자를 설득할 것이며, 무엇보다 편집자 자신을 설득하여 뒤돌아보지 않고 나아가도록 할 것이다.

문장의 교정: 국어답게

문장 교정의 큰 방향은 '국어답게', 문장 교정의 기본은 '바르게'이다. 국어 어법(문법)과 어문규정을 공부하자.

'판단'과 '설득'의 힘은 공부에서 생긴다. 국어 문장의 구조를 장악해라. 교정은 문장 단위에서 이루어진다. 그러므로 국어 문장의 구조를 이해하지 않고서 '바르게' 교정하는 '방법'을 익히기 어렵다. 문장은 맥락 속에 있으므로 작업 대상 원고를 기술적으로 면밀히 파악하는 것은 기본이다. 문장은 문장이기 이전에 원저자의 사상을 담은 언어이기 때문이다. 원저자가 글로써 말한 것이 제대로 드러나도록 문장을 구조적으로 바로잡는 일이 교정이다. 글을 그저 좀 더 매끄러운 표현으로 바꾸는 것이 아니다.

한국어 문장은 당연하게도 '한국어다울' 때 잘 읽힌다. 편집자는 한국어다운 문장이란 무엇인가를 알아야 한다. 원저자의 문장과 문체를 존중하며, 독자인 국어 사용자가 자연스럽게 읽을 수 있는 가장 정확한 문장을 찾아야 한다. 상식에 의존하지 말고, 우리말의 어법과 성문규정을 이해하고서, 문장의 구성요소를 치밀하게 다루어야 한다. 낱말의 의미와 기능에 어울리는 적절한 용법, 문장성분 간의 호응, 조사와 어미, 접사 등 여러 형태소의 적절한 배치와 활용, 띄어쓰기의 문제……. 어떤 글이라도, 문장의 뼈대를 한손에 잡고 문장 안에서 일어나는 이와 같은 각종 사태를 판단할 수 있어야, 자신 있게 다룰 수 있다. 문법 용어와 문장의 기본 구조부터 공부하자.

사표 쓰는 법　　　　02

　내 주변의 경우를 보면, 출판 편집자는 오래 일한 사람일수록 만족도가 높은 직업이다. 왜? 다른 이유도 많겠지만 우선, 우리가 다루는 원재료가 저작자가 심혈을 기울여 '완성한' 원고라는 데 있을 것이다. 또 책을 만드는 과정을 겪어 보았다면 알겠지만 혼자서 할 수 없는 일이고, 반드시 누군가와 함께해야 하는데, 그들의 노력이 내 업무에 수렴되어야 하는 일이라는 것이고(나는 책임 편집자다!), 그들 역시 전문가라는 것이다. 당연히 저자가 그렇고, 번역자가 그렇고, 일러스트레이터나 사진가, 디자이너, 지업사나 인쇄소, 제본소의 사람들, 데이터를 디지털로 분해하는 사람……, 직접 만날 일이 별로 없지만 생각해 보면 표지 후가공을 하는 사람도 있다. 그뿐인가. 내가 만든 책에는 반드시 독자가 있다! 그들은 지갑을 여는데, 그저 소비자라고 불러 버릴 수 없는

　　　　　　　　　편집자를 위한 **출판수업**

독특한 지위를 가진 이들이다. 책을 읽었거나 읽을 이 사람들이 직간접적으로 내가 새로 만드는 책에 관여한다(심지어 저자도 독자다!). 그리고 우리 자신이 책이라는 상품이 만들어지고 팔리는 모든 과정에 기여하고 관여하는 사람이라는 것이다. 전 과정을 한 사람의 편집자가 운영할 수도 있다. 그러지 않더라도 우리는 이 원고가 어디에서 와서 어디로 가야 하는지를 알아야 하는 사람들이다. 저작자를 발굴하여 관리하고, 원고를 개발하고, 책의 형태를 설계하고, 텍스트를 다루고, 책을 홍보하고, 매출과 손익을 따지는 일까지 편집자의 업무 영역 안에서 이루어진다. 이런 일이 적성에 맞는다면 할수록 만족스러운 일이 되지 않겠는가? 편집자는 시간이 지날수록 많은 일을 하게 되는 직업이다.

그러나 시간을 견디는 일은 결코 녹록지 않다. 역설적이게도 내가 만나는 사람들과의 관계가 항상 아름다울 수 없기 때문이다. 내 포부가 좌절되는 일도 그만큼 많을 수밖에!

편집자는 그런 일이다

먼저 (그대, 신입 편집자여! 첫 5년이 오기 전에) 첫 2년이 관건이다. 베테랑 편집자가 되기 전에 누구나 출판사 조직을 경험하지 않을 수 없다. 이 시절에는 회사의 목표가 나의 목표이다. 나는 내가 만들고 싶은 책을 내가 원하는 방식으로 만드는 것이 아니라, 회사가 만들어야 할 책을 회사가 가능하게 해 준 방식으로 만들어야 한다. 나는 회사에 내 노동을 팔았기 때문에. 게다가 회사가 가능하게 해 준 방식을 내 판단과 결정만으로 내 업무에 활용하게 해 줄 영향력은 처음부터 주어지는 것이 아니다. 그럴 권한은 스스로 만들어 가야 할 터인데, 말하자면 내가 만든 성과가 (한 권, 한 권의 책을 통해서!) 설득력을 보여야 서서히 갖춰지는 것이 이 권한이라는 것이다. 회사가 나를 믿을수록 내가 누리는 권한도 커진다. 회사가 나를 믿게 하려면? 나의 목표가 회사의 목표가 되게 하려면? (하, 그런 때는 생각하기도 싫지. 그런 때는 오지 않았으면 해.) 신입 편집자라면, 첫 2년의 업무 중 절반은 (사회생활에, 직장에) 적응하며 '견디는 것'이다. 그 이후도 해야 할 일을 하는 것이지, 하고 싶은 일만 하는 날은 결코 오지 않는다. 오히려 '하고 싶지 않은 일을 얼마나 안 할 수 있게 되었는가?'가 문제적이다. 왜? 우리의 일은 혼자 할 수 없는 일이기 때문에.

사표, 끝이 아니고 시작이거든

사표를 쓰자! 이렇게 결단을 하고 나면 모든 상황으로부터 벗어나 후련해지는 느낌이 들 것이다. 그간 나를 괴롭혔던 부장도, 실력 없는 팀장도, 뺀질이 동료도, 말 안 통하는 저자도, 변덕스러운 사장도 이제 나와는 끝이다. 내 사직서는 내가 그들에게 내리는 판결이다. 당신들 아웃! 내 인생에서 그만 나가 줘. 난 자유롭게 살 거야. 사직서만은 누구도 아닌 나의 권한이다. 이때야말로 이런 호기라야, 자연스럽다.

하지만 과연 그런가? 상황이 나쁘기만 한가? 그저 쉬고 싶은 건 아닌가? 어떤 사직서가 나쁜 까닭은 너무 지쳐 버린 상태가 되어서야 자포자기 상태로 내미는 처방이라는 것이다. 그 전에 사태를 바로잡으려 노력해 보지 않고 사표부터 내민다는 것이다. 이곳이 아니기만 하면 돼. 여긴 최악이야. 어디든 여기보단 나을걸? 또는 나는 정말 안 되는 인간이다. 난 능력 부족이야. 이 일이 안 맞는 걸까? …… 이런 낙담이 심정을 지배하는 상황이 되어서야, 쉬지 않고 일한 데다 몸도 마음도 더 이상 견딜 수 없어 판단력이 약해진 상태가 되어서야 문득 단절의 칼을 집어든다는 것이다. 왜 사표를 내기 전에 상황을 개선하려는 노력을 해 보지 못하는가? 그대, 그저 지쳐 버린 것 아닌가? 사표를 낼 게 아니라 휴가를 청해야 하는 것은 아닌가? 사표를 낸 것인가? 아니면 스스로 '잘린' 것인가? 판단해야 한다.

사실 출판계는 이직률이 높은 편이다. 한동안 해마다 내게 다른 출판사의 명함을 주는 선배도 있었다. (첫 직장에서 20년 차를 맞은 친구도 있지만!) 이직률이 높다고 꼭 부정적으로 볼 것도 아니다. 왜? 출판사가 아무리 커도 일하는 단위(편집팀)는 4, 5명 이내인 경우가 많다. 2, 3명이서 일하기도 한다. 좋은 저작자와 작업할 수 없다든지 업무의 내용이나 처리 방식이 제한되어 있을 수도 있다. 근로조건이 좋지 않을 수도 있다. 직원인 편집자 자신의 근로조건만이 아니라, 저자나 거래처에 대한 대우가 나쁠 수도 있다. 그렇다. 우리는 좀 더 좋은 환경에서 일할 수 있어야 한다. 견디면서 함께 만들어 가려는 노력이 필요한 경우도 물론 있겠지만, 처우가 비인격적이거나 보수가 턱없이 낮다거나 아무리 해도 편집자의 권한을 존중받지 못한다면 그곳에 오래 있을 필요가 없다. 이 조직에선 발전이 없다, 의사결정이 불합리하다, 권한이 안 생긴다…… 견디는 것이 능사는 아니다. 옮겨라. 더 나은 곳으로, 여기와는 다른 곳으로. 갔다가 다시 돌아올지언정 떠나라. 그래 괜찮다, 사표를 써라!

이때, 사표는 끝내려고 쓰는 것이 아니고 새로 시작하기 위해 쓰는 것이라는 사실을 잊어서는 안 된다. 판을 읽어라. 나는 지금 어디에 있고, 어디로 가고 있는가? 어디로 가야 하는가? 일단 쉰다? 아니, 재취업은 쉽지 않다. 사표 이후에 더 나은 선택이 전제되어 있어야 의미가 있다. 순전히 자신의 의사만으로 결과를 이룰 수 있어서 가장 쉬워 보이는 선택이지만 녹초가 되기 전에 사태를 객관적으로 판단해야 한다. 의미 있는 매듭인가? 사표를 쓰는 이유가 타당한가? 그렇게 판단한 근거는 무엇인가? 주변에 조언을 구했는가? 적어도 5년 후의 커리어를 생각하고 자신의 판단을 돌아보자. 사표를 내기로 했다면 적극적으로 구직해라. 지극히 사적인 일이라고 생각할지 모르지만 당신이 업계에 뿌리 내리는 일은 모두를 위한 일이다. 혼자 감당하려고 해서는 안 된다. 과감히 주변에 도움을 청해라. 게다가, 모르시지 않을 텐데? 출판계 구인은 '알음알음'이다. 공개 채용 공고는 많지 않다.

거인들의 어깨 위로

"물 200밀리리터는 많은 양인가, 적은 양인가?" 기준을 어떻게 세우느냐에 따라 다른 답이 나온다. 이 회사는 좋은 회사인가? 나쁜 회사인가? 판단 기준을 어떻게 세우느냐에 따라 다른 답이 나온다. 판단 근거는 나 자신에게 있다. 다른 사람에겐 안 맞는 회사라도 나와는 맞을 수 있다. 반대로 나에겐 안 맞는 회사라도 다른 사람과는 맞을 수 있다. 그렇다고 완벽한 호흡으로 일할 곳이 있는가? 그런 곳은 어디에도 없다. 이직 준비를 잘해라. 들어갈 회사에 대한 정보를 최대한 모아라. 판단의 근거를 찾아라. 내가 왜 이 회사를 선택하는지에 스스로 답할 수 있어야 한다. 성급하게 판단하지 말아야 한다. 이런 (좋은) 점이 가능하기에, 또는 이런 (나쁜) 점이 없기에……. 왜 이 회사에는 괜찮은 편집자가 없었을까? 뼈를 묻을 회사는 없다. 그래도 잦은 이직이 집중력을 떨어뜨리는 것은 사실이다. 최소 3년은 일해야 내가 만든 결과를 볼 수 있다. 3년은 일할 만한 회사인가? 일단 들어가서 적응하는 데만 한 달, 석 달이다. "그러므로 여기서는 무슨 일이 있어도 5년은 일한다", "3년은 일한다"……. 들어갔다면, 견뎌라.

오해하지 말아야 할 것이 있다. 회사는 나를 지켜주는 곳이 아니라는 거다. 그럴 수 없다. 회사는 사정을 봐주지 않는다. 그러니 약점을 보이지 마라. 다정다감한 모습에 속지 마라. 그렇게 해야 회사와 잘 지낼 수 있다. 일할 때는 상처 받지 마라. 감정으로 일하지 말라는 뜻이다. 사태를 호불호로 판단해서는 안 된다(표지가 빨강인 이유: 제가 빨강을 좋아해서요!). 일은 취향이 아니다(아주 오래 하다 보면 그럴 수 있는 듯도 하던데!). 일에만 코를 박고 살지 마라. 적극적으로 할 수 있는 동적인 활동을 취미로 길러라. 다른 생각을 할 여지가 있어야 이 일을 즐길 수 있다. 혼자 있지 말고, 함께 일하는 사람들만 만나지 말고, 다양한 사람들 속으로 과감히 가라. 당신의 커리어에 회사 밖 네트워크가 중요하다. 일상적으로 공부해라. 책을 놓지 마라, 읽어라. 미래의 일에 '지금'을 담보로 쓰지 마라. 건강을 지키는 것은 매우 중요하다. 휴가를 찾아 써라. 그리고 회사를 떠나더라도 일과 사람을 잃지 마라. 갈수록 조금 더 과감히 일하되 너무 열심히 하지 마라. 열심히 하는 것보다 제대로 하는 것이 중요하다. 잘하려고 하지 마라. 잘하는 것보다 필요한 일을 하는 것이 중요하다. 요령을 터득하고 자신만의 매뉴얼을 만들어서 갈수록 효율적으로 일하자.

편집자, 오래 할수록 일할 맛이 나는 직업이다. 멀리 넓게 내다 보며 오래도록 일하시길 바란다. "큰나무 사이를 걸었더니 내 키가 커졌다"라는 말도 있다. 큰 사람, 좋은 사람이 있는 쪽으로 조금씩, 가라. 좋은 원고로 일해라. 힘 있는 필자와 일해라. 일과 사람을 지켜라. 그러다 마침내 때때로 '거인들의 어깨'에 올라서라. 그러니 그래야 한다면, 사표를 써라. 아니, 입사지원서를 써라. 중요한 것은 이 모든 것을 진정 '스스로 판단했다'는 것이다. 그랬으니 옳다. 저질러라. 건투를 빈다.

외주 교정자와
일하기

03

다시, 교정이란 어떤 일인가

두 해 전인 것 같다. 한 출판사의 대표께서 '사죄의 말씀'을 발표했다. 새로 낸 책이 "여러 오류를 범한 채 출간"되었고, 이는 "편집 과정의 기본과 원칙에 충실하지 못한, 편집 작업의 실패"로서 달리 변명의 여지가 없으므로, 초판 1, 2쇄본을 "전량 수거"한다는 내용이었다. 대형 저자의 신간이었던 만큼 발행부수도 적지 않았을 것이다. 나는 당장 서점으로 달려갔다. 초판 1쇄본이 남아 있기를 바라면서. 하지만 결국 손에 넣은 것은 4쇄본이었다. 정오표에는 연도 오기를 비롯한 '오류'가 수정되어 있었다. 출판사 에스엔에스의 해당 게시물에 독자들의 응원과 감사의 말이 이어졌던 것으로 기억한다. 이처럼 괴로운 이야기를 꺼내 보는 까닭은 이 일화가 출판사와 독자와 저자와 편집자가 함께 만나는 중요한 지점이 바로 텍스트라는 사실을 엄중히 보여주기 때문이다.

출판물의 원재료는 텍스트다. (좋은) 원재료를 (잘) 다듬어야 (좋은) 결과물이 나올 것이다. 편집 과정에서 편집자의 업무는 이 원재료로부터 떨어져 있는 법이 없다. 그러니 편집자가 텍스트를 제대로 다루지 않았다는 것은 업무를 제대로 하지 못했거나 하지 않았다는 뜻이다. 그러면 좋은 책이 나올 수 없다. 좋지 않은 책은 독자를 실망시킨다. 독자를 실망시켜서 책에서 멀어지게 하는 책은 좋은 책이 아니다.

편집 과정에서 이 원재료, 텍스트를 다루는 일이 바로 편집자의 일이며, 그것이 '교정'(校訂)이다. 이 작업은 결코 '단순한' 작업이 아니다("편집자가 교정이나 하고……"와 같은 말은 없다). 편집자는 원고와만 대면하고 일하는 것처럼 보이지만, 실제로 그의 곁에는 저 과거로부터 원고를 써 온 저작자가, 저 미래에 이 책을 읽을 독자가 함께한다. 수익이나 비용, 일정 등을 고려해야 한다는 핸디캡과 함께. 그들과 함께 주거니 받거니 하여, 왼쪽 상단에서 시작되어 우측 하단까지 이어지고, 다시 왼쪽 상단에서 시작되어 우측 하단까지, 쪽을 넘기며 이어지고 또 이어지는 문자의 선을 제한된 크기의 판면에 겹쳐 쌓고, 그 문자가 담은 내용과 연관된 자료들, 그러니까 사진이나 그림이나 주석이나 또는 장 제목이나 쪽수 등으로 이루어진 면주 등을 이용자의 편의에 맞게 구성하는 일 등을 반복하여 마지막 쪽에 다다르며 책의 꼴을 완성하는 물리적인 일을 떼려야 뗄 수 없이 동시에 진행하는 것이다. 원고는 거기에 있다. 내용과 형식이 하나를 이루며 공정의 처음부터 끝까지. 그리고 마침내 합당한 체계를 이루고 책으로 고정되어 독자에게 간다.

독자로서 책을 읽다 보면 참혹한 광경을 자주 본다. 거친 문장, 도대체 말이 되지 않는 문장, 통일되지 않은 표기, 적절하지 않은 표현, 어법에 맞지 않는 예들, 무엇보다도 명확한 비문, 그리고 심각하게는 오자. 오자 없는 책이 어디 있느냐고? 그렇다면 이렇게 바꾸자. 오자들. 읽는 이로 하여금 온전히 글에만 몰입하게 해 주는 책이라면 편집이 잘된 경우일 것이다. 저자가 쓴 거친 머리말에서 저자가 편집자에게 어떤 역할을 '요구'했을지 번히 보이던 책도 있었고, 오자나 비문, 정확하지 않은 표현 때문에 머뭇거리며 사전을 뒤적이거나 밑줄을 긋거나 물음표를 찍으며 시작하여 오래도록 내가 어떤 오류를 지나치지는 않을지, 읽은 내용이 사실일지 의심을 버리지 못하게 했던 책은, 많았다. 완성도가 현저히 떨어져서 저자가 자기 글이 무슨 말인지 알고 있었을까 싶었던 책도 있었다. 편집자가 자신이 무슨 일을 하는지 알고 있었을까, 일들을 '쳐내느라' 힘들었을까, 이 책을 만든 뒤론 어찌 지냈을까 싶었던 적도 있고, 저자의 '권위'에 대항하지 못했구나 싶었던 책도 있다. 어떤 번역소설은 교정이 제대로 되었더라면 2 정도의 힘을 들여 읽을 만했을 것 같은데, 그 두 배 이상의 시간과 집중력이 필요했었다. 가시덤불을 헤치며 길을 찾아가야 하는 형국이었다고 할까. '단순한 교정'이 빚은 일이다. 교정은 단순히 '글자'를 보는 것이 아니다. 제 할 일을 다 못해 한없이 허술한 책이 있는가 하면 편집이 원고 위에 군림하여 독서를 방해하는 오만한 예들조차 적지 않은 게 사실이다.

교정의 수준이야말로 '책의 품격'을 정한다. 원고의 완성도, 공정의 정확함, 기본의 존중, 독자에 대한 배려심, 작업자의 업무 환경까지가 거기서 드러난다. 저자가 사유한 결과가 문자로써 쓰인 것이 글이고, '독자'가 읽는 것은 그 '글'이므로 글이야말로 모든 것을 앞선다. 편집자는 글쓴이(저작자) 자신이 표현하고자 했던 바로 그 내용이 독자에게 온전히 전달되도록 문장의 구성요소를, 뜻이 담기는 최소 단위까지 살펴 정확히 작업해야 하는 것이다. 이 일을 누가 하는가?

교정을 외주하다

자, 이제 교정 외주에 대해 이야기해 보자. 교정이 외주화된 지는 꽤 오랜 것 같다. 보통은 편집자로 일했던 경력자가 결혼이나 육아, 혹은 기타의 사정으로 퇴직하고 나서, 프리랜서로 하기에 적합한 일이었다. 출퇴근 시간에 구애되지 않고 우편이나 이메일로 소통하면서 오로지 자신만의 시간을 써서 할 수 있는 일이다. 회사로서도 '200자 원고지 매당' 단가로 작업을 외주화함으로써 인건비의 부담을 줄일 수 있다. 내부 인력으로는 원고를 개발하고 저자와 저작물을 관리하면서 발행예정 도서목록을 작성하는 업무에 집중할 수 있을 것이다. 그러나 내부의 편집자가 제작 과정 전반을 책임지지 않는다면, 외주 작업자의 경력이나 전문성과 상관없이 결과물도 책임질 수 없게 된다. 책임 편집자는 외주 교정자의 업무 단위를 이해하고, 발주자로서 스스로 의도한 수준까지 필요한 작업이 이루어지도록 해야 한다.

당연하게도 제작 공정에서 교정 외주자는 협력자다. 책임자는 발주자다. 협력자가 할 일을 명확히 전달하는 것이 중요한데, 이는 원고를 검토하고 편집기획을 통해 책의 상을 구상한 상태에서 '교정의 수준'을 지시하는 것이다. 저작자로부터 입수한 원고를 검토도 하지 않은 채, 또는 면밀히 검토하지 않은 채 발주하는 경우가 흔하다. '출판에 적합한' 상태가 아닌 원고를 무작정 내보내는 경우도 있다. 교정의 방향이나 수준에 대한 가이드라인도 없다. 출판물 제작 공정도 이해하지 못하는 신입 편집자에게 외주 작업의 진행을 맡긴다. 최종 결과물을 검수하지도 못 한다. 이렇다면 '아무도 책임지지 않은' 책이 나올 수밖에.

편집자가 원고 개발에 더욱 집중해야 하며 편집 과정은 외주로 해야 한다는, 언뜻 매우 진취적인 이 주장에서 간과하는 것은 외주로 진행되는 편집 과정을 내부에서 관리할 수 있어야 한다는 전제이다. 내부의 책임 편집자는 몇 종의 원고를 동시에 기획하거나 검토하거나 고치게 하거나 교정하면서 외주로 보냈거나 보낼 원고를 관리하는 것이다. 이렇게 회사 내부에 반드시 '편집 과정'을 알고, 관리할 사람이 있어야 한다. 그가 외주 교정자의 업무를 파악하고 관리해야 한다. 그가 외주자가 끝낸 원고를 '검수'해야 한다. 디자이너에게 표지를 발주할 때 그러듯이, 글의 내용과 출판의의, 독자층, 책의 상, 그리고 작업의 방향 등을 정리한 뒤에 작업을 지시해야 할 것이다. 편집 발주의 경우에는 여기에다 반드시 '원고의 완성도', '문장의 수준 및 특징' 등을 판단하여 '교정의 방향 및 수준'을 잡아서 전달해야 한다. 물론 이 교정의 방향 및 수준은 교정자가 초교를 거친 뒤에 수정하거나 보완할 것이다. 교정자가 원고의 수준뿐만 아니라, 회사가 원하는 작업의 수준을 아는 상태에서 작업을 해야 한다는 말이다. 발주자와 외주자가 각자 일의 경계를 알고 나누어 할 때라야 '외주'에 의미가 있다. 무조건 결과물만 생각하고 매번 새로 일하는 것은 얼마나 소모적인가!

교정은 개인이 아닌 '시스템'의 일

교정은 그러니까 시스템으로 하는 것이다. 한 사람의 '실력'이 아니라, 회사와 책임 편집자, 그리고 그의 협력자가 유기적으로 엮여서 하는 일이다. 외부에 보낼 원고는 말하자면 출판사가 책임지는 원고다. '출판에 적합하지 않은' 원고를 '오자나 비문만' 잡아내는 식으로 교정하게 해서는 안 된다. 책임 편집자인 당신이 누구보다 정확히 원고를 판단해라. 외주자인 '편집자'가 할 수 있는 일을 하게 해라. 그가 할 수 없는 일을 강요하지 마라. 외주 교정자를 편집자로, 협력자로 대우해라. 충분히 소통해라. 관계를 오래 유지해라. 한 출판사의 경우처럼 '객원 편집자'로 대우하는 예도 있다. 작업비도 적은 금액이나마 선불로 매달 지불하고, 작업량에 따라 잔액을 추가로 지불하는 형식으로 '교정 전문팀'을 안정

화해서 활용하는 것이다. 외주자로서는 일감을 같은 회사에서 안정적으로 배당받을 수 있고 재택근무를 함으로써 출퇴근의 부담을 덜고 업무량에 따라 시간을 배분해서 쓸 수 있을 것이며, 회사 입장에서는 적합한(혹은 시간이 되는) 교정자를 찾느라 시간을 허투루 쓰지 않아도 될 것이다. 장기적으로는 회사 대 외주자 또는 편집자 대 외주자, '복수의 회사' 대 외주자, '복수의 회사' 대 '복수의 외주자' 같은 구도를 상설화하는 방안을 고려해 볼 여지가 있다. 외주 교정을 시스템화하면 교정자 개인의 실력이나 의지에만 매달리지 않아도 될 것이기 때문이다.

우리에게는 교정 전문가가 필요하다. 교정 전문가 양성 교육을 구상할 때가 되었다. 출판 편집자의 업무를 전반적으로 파악하고, 출판물의 교정이라는 특수한 과정을 익히면서 문해력을 높이고, 문장을 구조적으로 정확히 분석해서 다룰 수 있는 전문가를 키우는 훈련 과정이 유용할 것이다. 출판사 바깥에 '교정'의 질을 보장하는 시스템을 구축하는 일도 가능할 것이다. 다시 강조하자면 교정은 출판물의 궁극이다. 교정의 품질이 책의 품격을 높인다. 비용 효율이 아니라 엄격성을 추구해야 한다. 그 결과는 오로지 담당 편집자 그 자신과 '독자'만이 엄밀하게 평가할 수 있다. 그런 일을 하는 편집자를 높여야 한다. 부디 내부에서 하기 어려운 원고, 심지어 출판하기 어려운 원고를 외주로 내보내지 마라. 당신, 책임 편집자가 책임지는 원고를 외주 교정자에게 맡겨 협력하게 해라. 파트너가 되어라. 일하는 사람을 아껴라. 책 만드는 사람의 덕목을 잊지 마라.

그 많던 편집자는
다 어디로 갔을까

2012년부터 서울출판예비학교의 편집자 과정을 담임하여 백수십 명이 출판계로 나아가는 것을 지켜보고 있다. 담임한 첫 해에 함께했던 이들이 어느덧 4년 차에 접어들었고, 돌이켜보니 나는 어쩔 도리 없이 담임한 첫 해부터 그들이 업계에 뿌리 내리는 과정을 지켜보고 있다. 지켜볼 뿐 사실은 속수무책이라, 가끔은 슬럼프도 겪는다.

경력 편집자를 찾는 문의가 잦다. 경력자를 찾기 어렵다고들 한다. 한두 해를 찾다가 예비학교 과정을 마친 분들을 면접하는 예도 많다. 2~3년 차, 6~10년 차를 찾는다. 쉽지 않다. 다섯 해 전, 백수십 명이 근무 중이던 한 대형 출판사는 한두 해 전에 칠십여 명으로 규모가 줄었다고 했고, 그 중 마흔을 넘은 종사자가 한 명뿐이었다. 저녁 시간에 진행되는 재직자를 위한 교정 강의는 그간 주로 2~3년 차에게 호응을 얻었는데, 올 봄에 수강하러 오신 분들 가운데는 1년 차, 5개월, 6개월 되신 분도 많았다. 책임 편집을 하신다고 했다. 장기 근속자가 많은 출판사가 있지만 드물다.

출판 편집자, 어디서 어떻게들 사십니까?

출판 편집자, 몇 명이나 될까? 한국출판문화산업진흥원이 발행한 『2015 출판산업 실태조사 - 2014년 기준』에 따르면, 문화체육관광부에 신고된 출판사 명부 등의 5만여 개 명목상 출판사 가운데서 2014년 기준으로 매출실적이 있는 사업체를 전수 조사한 결과, 일반단행본 출판 종사자 수는 8218명(1876개사), 학술/전문서 출판 종사자 수는 2809명(1001개사), 아동서 출판 종사자 수는 1137명(240개사)이다. 전체 모집단 3563개 사업체 가운데서 교과서 및 학습 참고서(260개사, 6617명), 학습지(158개사, 8259명), 전집(28개사, 2539명) 부문을 제외하고 3117개사에서 1만 2천여 명 수준. 이 가운데서 편집 업무에 종사하는 사람의 비중을 절반보다 많다고 보면 8000명가량? 지속성을 갖고 독립적으로 일하는 편집자의 수를 포함한다고 해도 큰 차이가 없을 것이다.

이들은 어디에서 일하는가? 올해 3월에 대한출판문화협회(이하 출협)에서 배포한 보도자료에 따르면, 2015년 한 해

동안 출협을 거쳐 국립중앙도서관에 납본한 출판사 수는 2855개사(2014년 2895개사)였고, 연간 20종 이하의 도서를 낸 출판사가 2322개사(2014년 2360개사)로 81.3퍼센트를 차지했다. 전체의 51.3퍼센트를 차지하는 1465개사에서 5종 이하를 출판한 것으로 나타났다. 종수만으로 추산해 볼 뿐이지만, 이들 대부분은 편집 업무에 종사하는 사람의 수가 한두 명 이내(없을 수도 있다)인 소규모 업체일 것이다. 연간 6종 이상을 내는 출판사가 1390개사, 연간 21종 이상을 내는 출판사가 533개사였다. 자, 그렇다면 편집자라는 직업을 가진 우리가 생각할 수 있는 출판사 직장의 개수는 몇이나 되는가? 이 글을 읽는 편집자 당신이 일하시는 출판사에서는 지난 한 해 몇 종이나 출판했는가? 편집부에는 몇 분이 함께 근무하고 있는가? 장기 근속자의 근무 연수는 얼마나 되는가? 주간, 편집장, 팀장의 평균 근속 연수는? 대리 직급 이하에서는 어떤가? 20년 이상 장기 근속자가 있는가? 10년 차는? 5년 차는? 3년 차 미만은?

위의 보도자료에 따르면 2006년 1억 1300만 부였던 총 발행부수가, 10년 후인 2015년 8500만 부로 25퍼센트나 줄어들었다. 그러나 그 10년 사이 발행종수에는 큰 변화가 없다. 2006년 4만 5521종, 2015년 4만 5213종이다. 차가 1퍼센트

미만이다. 책을 만드는 사람의 수에는 얼마나 변화가 있었을까? 종수가 비슷하다면 만드는 사람의 수도 얼추 비슷하지 않았을까? 그러나 발행부수가 25퍼센트 줄어들었다면 매출에도 거의 그만한 변화가 있지 않았을까? 그러면 책 만드는 사람들의 노동 환경은 어떻게 변했을까? 임금 수준이 내려갔을까? 고용 구조가 불안정해졌을까? 그래서 퇴직자도, 창업자도, 외주 편집자도 많아졌을까?

전국언론노동조합 출판노동조합협의회가 발행한 『2015 출판노동 실태조사 보고서 — 2014년 조사 자료를 바탕으로』에 따르면, 구글독스로 제시한 설문에 응한 재직자(편집/기획, 디자인, 영업/마케팅, 기타) 유효표본 501명은 20대가 35.3퍼센트(177명), 30대가 58.3퍼센트(292명), 40대가 6.4퍼센트(32명)로 분포되어 있다. 20~30대의 비중이 93.6퍼센트로 압도적이다. 전체적으로 4년 차 이하의 경력자가 223명(44.5%)으로 상당수를 차지했고, 5~7년 차가 25퍼센트(125명), 8~10년 차가 16.6퍼센트(83명). 근속 연수를 묻는 질문에서 213명(42.5%)이 '1년 이상 3년 미만'이라고 대답했다. 경력 5~9년 차에서도 여전히 재직 기간 '1년 이상 3년 미만'이 34.4퍼센트(183명 중 63명)로 가장 높은 비율을 차지했다. 당신의 경우는 어떤가? 당신은 출판계의 잦은 이직과 고용 불안을 나타내는 이러한 수치로부터 얼마나 가까이, 혹은 멀리 있는가? 노동환경이 상대적으로 안정되어 있다고 볼 수 있는 조합원들의 설문 참여가 다소 높았다(16.8%)는 점을 감안한다면 보고서의 수치는 더 유효하다.

그 많던 편집자들은 다 어디로 갔을까

애초에 이번 글의 주제로 받은 것은 "왜 우리 출판계에는 은둔형 편집자가 많을까요?"였다. 우리 출판계에 그렇다니, 홀로 답할 수 없기도 해서 주변의 편집장들께 같은 질문을 던져 보았다. "당신은 은둔형 편집자입니까?" 답이 돌아왔다. "나도 은둔형이기는 하다"부터 "편집자는 자기가 만든 책으로 말하는 것 아닌가?", "'은둔'이라는 표현은 이상하다", "편집자들이 출판계의 이슈 등 사회적 문제에 발언을 거의 하지 않는 건 사실이다" 등등……. '은둔'이라는 표현에는 묘하게 부정적인 뉘앙스가 있다. 우리 사회의 편집자 일반을 보는 시각이 내재해 있다. 왜 '활동'하지 않는가? 왜 숨어 있는가? 왜 심산거처로 달아나는가? 그러다 종국에 이르게 한 한마디는 "고용 불안정이 문제 아닌가?"였다. 쇠약해 가는 업종의 토대 문제.

"출판계가 일하는 사람들을 좀 아꼈으면 좋겠다"라는 말을 자주 했다. 지난해까지는 그랬다. 나로서는 여섯 달을 매

일같이 함께 보낸 '예비 편집자'들이 신입 편집자가 되어 좌로 우로 흔들거리며 현실에 뿌리 뻗으며 시간 속을 나아가는 모습을 지켜보지 않을 수 없다 보니 세세한 부분에서 더 안타까웠을 것이다. 주변의 사례도 눈에 잘 들어왔다. 힘들고 지쳐서들 사직한다. 이직할 곳도 정하지 않은 채, 힘들고 지쳐서들. 사람들 사이의 소통 문제로, 부당한 대우 문제로, 뭔가 삶에 변화가 필요한 것 같아서, 대표의 경영 방식에 동의할 수 없어서, 건강이 나빠져서…… 그러다 돌아오지 못하는 기간이 길어지고, 길어지면 재취업은 더욱 어려워진다. 4년이고 5년이고 일한 뒤에야 비로소 책임 있는 한 사람 몫을 밀고 나갈 수 있게 될 터인데 무작정이다. '저분은 차라리 다른 분야에서 일했으면 나았을까?', '아, 회사가 일하는 사람에게 좀 더 잘해 줄 수 없을까?' 하지만 이런 답도 왔다. "회사의 매출 압박은 어쩌고?", "일하는 사람으로서 견뎌야 할 것들도 많다!", "일하던 사람은 떠나면 그만이다(책임은 내가 남아서 진다)"…… 그러고 보니 그랬다. 출판계가 일하는 사람들을 좀 아꼈으면 좋겠다고 말하면서 나는 그 '출판계'가 아닌 곳에 섰던 것이다. 누구의 문제인가? 누가 책임지는가? '저들'의 일이고 내 일이 아니란 말인가?

시장이 줄어들고 있다, 안 팔린다, 매출이 낮아진다, 고용이 불안정해진다. 임금은 낮고, 업무시간은 길고, 충분히 휴식을 취하거나 널리 세상에 나아가 견문을 넓히고 새로운 것을 공부하며 자기 발전과 전문성을 위해 투자할 여력이 없다. 경력이 쌓이는 만큼 더 넓어지는 시야로, 새로운 지적 탐험을, 더 많은 유효 자본을 활용하여, 더 유의미하고 힘 있는 기획을 할 수 있어야 한다고? 지금? 누가? 3년 전에, 5년 전에, 10년 전에 책을 만들던 그 사람은, 편집자였던 그 사람은 지금 어디에 있는가? 어디로 갔는가? 힘들고 지쳐서 떠났다가 어째서 다시 돌아오지 아니하는가?

업계에서는 경력 편집자를 찾는 목소리만 있고, 힘들고 지쳤던 이들이 경계 밖으로 나서는 사태에 대해서는 말이 없다. '외주 편집자'들의 실태에 대해서도 '고용'의 문제로 바라보지 않는다. 그러려니 한다. '출판계'가 왜 일하는 사람들을 아끼지 않느냐고? 당신은 '출판계'가 아닌가? 매출 감소로 다수가 해고된 사태에 대해 알고 있었는가? 해고된 사람들은 어떻게 되었는가? 부당한 대우를 어쩔 수 없는 것으로 수용하지 않고, 다른 회사로 조용히 '은둔'해 버리지 않고 제 이름을 걸고 맞섰던 사람들, 교묘한 가부장적 권력에 대항하려 했던 그 사람들의 이야기를 알고 있는가? 당신은 '책 바깥에서도' 발언하는가? 편집자가 발언하는가? 사회에서,

회사에서? 이렇게 묻고 싶다, 편집자 당신의 목소리는 어디에 있느냐고! 사용자와 각을 세우기 위해서가 아니라, 살기 위해서. 자기만 살기 위해서가 아니라, 함께 살기 위해서.

2~3년 차, 4~7년 차 경력 편집자의 공동화가 현실이 아니라고 할 수 없을 것이다. 필요할 때 다급하게 찾기만 할 것이 아니라, 신입서부터 경력 관리를 도울 수 있는 실질적인 방법을 함께 궁구했으면 한다. 서울북인스티튜트 같은 교육기관을 활용할 수도 있을 것이다. 회사들의 규모가 작고 이직률이 높아 '사수'들의 역할을 기대하기 어렵다면 범출판계의 '직능군'에서 할 일을 찾는 것은 어떤가? 새로 낸 책의 좋은 기획을 알아봐 주고, 자기 부문의 성과나 실패에 대해 함께 이야기하는 것은? 편집 후기를 쓰고 공유하는 건? 성희롱, 고용 불안정 같은 노동 문제의 현황이나 대처법에 대해 말해 보는 건? 소규모의 팀장 학교, 편집장 학교를 상설화하는 건? 온라인 포럼은 어떤가? 소규모의 직능 세미나는? '그들'이 아니고, 바로 내가 우리가 할 수 있는 일부터. '유대'와 같은 헐거운 연대가 지금 우리에게 필요한 것 같다.

'나와 맞는 출판사'를 찾으시나요?

05

『기획회의』의 기획 '3년 차 편집자는 다 어디로 사라졌을까'(2016, 427호)는 통렬했다. '출판계를 떠난 전 편집자', '잠시 쉬고 있는 편집자'의 육성은 서늘하기까지 했다. 우리는 어디에서 길을 찾아야 할까. 답이 미리 주어져 있을 리 없다. 현실이 어떤가를 냉정하게 인식하고 객관적으로 인정하는 것부터 시작해서 그것을 바탕으로 전에 없던 새로운 패러다임을 상정할 수는 있을 것이다.

편집자의 커리어와 출판사

다수의, 어쩌면 대다수의 편집자들이 내적 외적 요인에 의해 경력 관리에 실패하고 있다는 얘기다. 3년 차부터야말로 한창 일할 때인데, 업을 떠났다는 것인가? 초년의 사회생활이란 본디 녹록치 않으니 이들이 그것을 못 견딘 것인가? 독자가 줄고, 변화하는 매체 환경에 적응을 못하고, 매출이 줄고, 책은 급하게 만들고, 노련한 브레인이 없고, 경영은 악화되고…… 출판시장의 전반적인 위기 속에서 출판사의 경영 악화가 초년의 편집자들에게 영향을 미친 것인가? 아니면, 출판사가 유독 3년 차 편집자를 많이 찾게 되었기 때문에, 즉 인력 수요가 많아져서 그렇게 느껴지는 것인가? 3년 차가 아니라 사실은 5년 차, 7년 차, 10년 차가 없는 것은 아닌가? 순망치한(脣亡齒寒), 입술이 없어 이가 시린 것은 아닌가 말이다. 노련하고 업무 능력이 안정된 경력자(관리자)보다 적은 연봉으로 웬만한 업무를 (적어도 보기에는) 척척 해낼 수 있는 초년의 경력자들이 자주 호명되고 그러다 보니 그들의 고통과 부재가 두드러져 보이는 것이 아닌가 말이다.

자, 3년 차 편집자의 문제가 아니다. 바로 당신의 문제였다. 당신은 지금 몇 년 차인가? 당신은 살아남아야 한다. 견뎌라. 조금 더 멀리 가라. 멀리 보고 호흡을 가다듬어라. 더 멀리 간 사람에게는 그만한 것이 남는다. 그러려면 먼저 당신이 일하는 현실을 파악해야 할 것이다. 불가능한 현실을 기대하지 말고, 냉정하게 보자. 출판의 현실에서 가치 판단을 하기 이전에 우리가 인지해야 할 중요 사항은 다음이다.

① '출판사는 사장의 것'이다.

출판사는 사장의 것이다. 일하는 사람이 회사의 주인이라고 말하는 사람이 있겠지만, 현실에서는 옳은 말이 아니다. 간단히 생각해보자. 근속 연수가 3년인 직원이 어떻게 주인임을 주장하겠는가? 책을 꾸준히 펴내는 회사 가운데 절반은 편집자가 한 명이거나 없다. 10년, 20년을 한 회사와 함께한 경우가 전혀 없지 않지만, 결코 일반적인 예가 아니다. 재정이 힘들어지면 경영상의 어려움을 해소하기 위해 가장 쉽게 선택하는 방법이 임금을 체불하거나 사직을 권고하는 것이다. 사장이 경영을 책임지는 방식이다. 오로지 사업주인 사장만이 가장 오래 일한다. 사장이 선택한 경영 방식이 일하는 사람들의 업무 환경을 결정한다. 일하는 사람들이 권한을 가지고 일할 수 있게 할 것인가? 일하는 사람들이 헌신해서 좋은 책을 만들어내게 할 것인가? 궁극적으로, 어떤 책을 만들 것인가? 사장이 정한다. 보자, 당신이 전 직장에서 만든 책이 지금 당신에게 있는가? 회사를 나오는 순간, 모두 거기에, 그 회사의 도서목록에 두고 나왔을 것이다. 자기 방식대로 자기 책을 만들려면 사장이 되어야 하는 것이다. 그러므로 회사를 믿지 마라. 회사가 당신을 지켜주지 않는다. 회사는 일하게 해줄 뿐이지 삶을 윤택하게 해줄 곳이 아니다. 회사가 당신을 고용한 것은 그것이 회사의 목적에 부합하기 때문이었다. 당신이 지금 장기 근속 중인 까닭은 그것이 회사의 목적에 부합했던 데 있다.

② '근속 연수는 3년, 실무 정년은 마흔'이다.

근속 연수는 3년, 실무 정년은 마흔이다. 실감 나는 표현 이다. 경력이 높아갈수록 근속 연수도 길어지는 것으로 보이 는데 실무를 장악하는 능력과, 책임져야 할 범위가 넓어지 면, 그만큼 권한도 강해지기 때문일 것이다. 어쨌든 이 말은 업계에서 꽤 오래전부터 말해져 왔다. 2005년에 초판을 찍 은 편집 입문자를 위한 책에서도 "편집자는 한 회사에서 길 어야 3년이고 39세가 편집자 정년"이라는 표현이 보인다. 편 집자 출신의 출판사 대표가 쓴 글이다. 10년이 더 지난 오늘 생각건대, 이는 어느 편집자 개인의 능력 문제로만 설명할 수 없다. 오히려 우리 사회의 출판물 생산구조의 특성이 반 영된 결과라고 보아야 할 것이다.

편집자가 자기 권한을 어디까지 주장할 수 있는가? 회사 가 일하는 사람의 책임과 권한을 어디까지 인정할 수 있는 가? 회사 전체를 운영하는 사장이 생각하는 '책'과 직접 책 을 만드는 편집자가 생각하는 '책'은 얼마나 비슷하고 얼마나 다른가? 얼마나 괴리되어 있는가? 한 권의 책에서도 책임 편집자가 둘일 수 없다. 마찬가지로 출판사의 최종 편집 책임자가 둘이 되기는 어렵다. 그래서 주간과 편집장 또는 팀장 등 위계에 따라서 업무의 내용과 권한 범위가 달라지는 것이고.

신입으로 입사하여 2년 차, 7년 차, 15년 차, 20년 차들이 여럿이 함께 두루 자기 책을 만드는 출판사는, 적어도 우리 사회에는 거의 없지 싶다. 한 출판사에서 7년 차 전후까지 일했다면 그런 곳은 대개 저자군이나 기획 라인, 책의 만듦새가 안정되어 있는 곳이다. 편집자 자신도 자기 분야가 확고한 경우다. 그러면 가끔씩 결원이 생기고 새 사람이 드는 정도를 감당할 만한 곳이다. 그러나 대부분의 경우 그런 여유가 없다. 편집자 두세 명, 너댓 명이 일하는 작은 규모의 팀에서라면 새로운 사람을 맞는 것도 일이고 함께 적응하며 자리 잡는 것도 일인데 입사 2년 지나서 그만두곤 한다면 편집 업무의 지속성도 그만큼 떨어질 수밖에 없다. 그러나 2년쯤 일하고서 이직을 고려한다는 예들을 십수 년 동안 자주 듣는다.

정년 마흔. 출판은 대체로 삼십 대에들 약진하는 직종인

걸까? 그러고서 마흔쯤 되면 연륜을 바탕으로 더 깊이 있는 작업을 해낼 만해지는 건데. 작은 회사에서 그쯤 되면 이제 진득하니 오랫동안 공 들여 책을 만들기도 어렵다. 신간이 빨리빨리 나와줘야 하니까. 매출이 있어야 월급이 나갈 거고. 마흔쯤 되면, 자기만의 방식으로 자기만의 기획을 하고 싶어지기도 하고 이런저런 압박감 속에 회사에서 밀려 나온다. 급하게 열심히 책만 만들었다면, 이제 그것들을 모두 놓고, 이력서에 경력 설명 몇 줄을 추가했을 뿐인 채로. 자, 이제 뭐하지? 새로운 조직에 들어갈 것인가? 사장이 될 것인가? 프리랜서 에이전트가 될 것인가?

③ 일할 만한 출판사의 수는 많지 않다.

단체들의 보고서에 따르면 지금 출판사의 수는 3000곳 내외이다. 그 가운데서 직장으로 선택할 여지가 있는 곳은 1500곳 미만일 것 같다. 발행부수로 추산해 보면 편집자가 서너 명 이상 근무하는 곳은 500곳 미만이다. 그중에서 보수, 근무일수, 전문성, 회사 시스템, 의사소통 체계…… 당신이 원하는 조건을 갖춘 곳은 얼마나 될까? 그중에서 당신이 지닌 것을 원하는 곳은 얼마나 될까? 그래서 당신이 3년 이상 진득하게 일하게 될 곳은 얼마나 될까?

편집자를 위한 **출판수업**

몇몇 회사의 경우처럼, 회사로서도 직원들이 오래 일할 수 있는 조건을 만들기 위해 노력하고, 직원들로서도 회사 차원의 전망을 공유하고 각자 자신의 업무 영역에 집중하면서 회사를 일할 만한 곳으로 만들기 위해 노력할 수 있는 곳이라면 좋을 터이지만. 그래서 회사에서 정년을 맞기도 하고. 그러나 어느 정도의 규모가 아니고서는 그런 환경은 불가능하다. 그러나 다수를 해고했다는 곳 가운데서 규모 있는 단행본 출판사가 많았다고 하니 그런 규모라도 유지하기가 쉽지 않다는 얘기다.

정년 마흔, 준비해라

'내게 맞는 출판사'란, '내가 맞추는 출판사'가 있을지언정, 없다. 환상을 버려라. '내게 맞는 출판사'는 지금 당신이 떠나고 싶은, 혹은 박차고 나와버렸던 그 회사의 대척지에 있는, 상상의 산물일 뿐이다. 회사를 대하는 태도를 바꿔라. 회사를 활용해라. 회사는 책을 만들게 해 주는 곳이다. 편집자로서 단권을 홀로 만들 수 있게 되었다고 해서 우쭐하지 마라. 5년 차도 되지 않았다면 당신은 아직 '보조 편집자'다. 자기힘으로 힘 있는 저작자들을 움직여 유의미한 기획들을 할 수 있게 되기 전까지는 '보조 편집자'로서 열심히 일하자. 그러자면 당신 곁에는 함께 일하는 '선배 편집자'가 있을 것이다. 좋은 사람들과 일하려고 노력해라. 일과 사람은 회사의 경계를 넘는다.

일자리를 찾는다면, 회사 정보를 충분히 모아라. 물론 당신 자신을 파악해라. 그리고 구직 중임을 소문 내라. 경력과 전문성, 의지를 알려라. 주변의 도움을 얻어라. 충분히 '알고' 들어가는 것이 중요하다. 좋은 곳이다, 아니다 추상적인 '판단'은 현실을 왜곡한다. 아는 것이 중요하다. 희망연봉이며 나의 조건도 제시해라. 주는 대로 받지 말고 협의해라. 일단 들어가서는 3년은 일한다. 석 달, 반 년, 그리고 성과를 내면서 한 해씩 가는 거다. 그러나 경력이 쌓일수록 한곳에서 좀 더 오래 일해라. 어디든 적응 기간이 있고, 새로운 작업이 시작되고, 그 과정이 결과를 얻고, 평가를 얻어 진정한 경력이 되도록. 새 사람들과의 호흡이 안정되기에도 시간이 필요하다. 갈등도 겪고 나야 의미가 있다.

자신이 어떤 편집자인지 알아야 한다. 일하는 동안에는 포트폴리오를 만들어라. 해마다 이력서를 갱신해라. 자기 업무를 평가해라. 자기가 만든 책의 목록을 관리해라. 편집일지를 써라. '○○○ 회사의 편집자' 모모 씨가 아니라, 그냥 '편집자' 모모 씨로 일해라. 원고를 대할 때, 저작자를 대할 때, 디자이너를 대할 때, 마케터를 대할 때, 에이전시, 인쇄소, 제본소, 지업사, 서점, 신문사 등 거래처를 대할 때, 책의 만듦새를 갖출 때, 새로운 기획을 할 때, 책을 읽을 때, 공부를 할 때, 동료 편집자를 대할 때, 상사를 대할 때, 사장을 대할 때, 새로운 사람을 만날 때, 세상에 나아갈 때……

회사는 당신 것이 아니고, 당신이 일할 수 있게 해 줄 뿐이다. 마흔이 되어서 더욱 힘 있게 일하실 수 있도록, 조급해하지 말고 멀리 보고 큰그림을 그리며 나아가셨으면 좋겠다. 자기 일과 사람을 지키는 방식으로 일하셨으면 좋겠다.

이제 막 편집자로 일하기 시작하셨습니까? 지내시기는 어떤가요? 주변 분들은 친절한가요? 상사는 당신이 알아야 할 것에 대해서 미리 단도리를 해 주시고, 잘했을 때는 칭찬을 해 주실 겁니다. 칭찬은 고래도 춤추게 하는 거니까요. 좀 못했을 때는, "잘할 거야. 금방 배워, 걱정 마"하며 응원도 아낌없이 해 주시겠죠! 해야 할 업무는 적당하겠지요? 자신이 맡은 업무가 무엇인지 척척 설명하실 수 있겠지요? 계획했던 업무를 마치면 '칼퇴'하시겠지요? 아침에는 저절로 눈이 떠지며 일찌감치 경쾌하게 회사로 가시겠고요? 한번 답해 봅시다. 취직만 하면 다 될 것 같았지만, 실제로 이제부터가 현실입니다. 어디에도 아군이 없네요. 팍팍합니다. 회사는 도무지 만족할 줄을 모르고요. 나는 왜 모든 일에 서투를까요?

당신은 조직의 일원이 되었고, 월급을 받습니다. 회사는

'성장 가능성이 있는 학생'이 아니라 '성과를 내는 직원'을 원합니다. 개인의 실력은 발휘되어 성과를 내야 의미가 있습니다. 그러므로 성과를 낼 수 없는 실력 따위는 '넣어 두세요'. 성과는 나 한 사람의 질주만으로 이루어지지 않고, 반드시 타인과 협력해서만 나옵니다. 일에는 누군가와의 커뮤니케이션이 반드시 전제되어 있습니다. 사실 회사는 당신을 어떻게 다루어야 할지도 잘 모릅니다. 당신을 '키울' 계획 같은 건 없어요. 전형을 거쳐 뽑기는 했지만, 그렇다고 벌써부터 당신을 믿고 맡기는 건 아니지요. 당신에 대한 장기 플랜 따위는 없습니다. 이제 미래는 당신이 어떻게 해 나가느냐에 달려 있을 뿐이죠. 회사는 당신이 누구든, 성실히 일해서 탁월한 성과를 내주기만을 기다리고 있습니다.

어떤 미래를 꿈꾸고 있나요? 모든 일이 생각과 다른 이런 현실에서?

3~4년은 '보조 편집자', 조급해하지 마라

출판학교 여섯 달 과정을 마치고 마지막 날이면 수료생들에게 '당부의 말'을 전하곤 합니다. 수료 후 회사생활을 시작하며 좌충우돌하는 이들을 지켜보면서 떠오른 생각들에다 주변 편집장들의 의견을 참고해서 만들어 본 것이지요. 학교를 떠나면야 각기 다른 상황에 제각각의 인생길이 펼쳐져 있을 뿐이니 어쩌면 나의 노파심이나 전하는 일일지도 모르겠습니다. 현실이 중요하지, 미주알고주알 꿰어 봐야 실감이 나겠습니까마는 엄혹한 현장에서 자리 잡는 일이 녹록지 않은지라 그렇게라도 하는 것이 좋겠더군요. 가끔 찾아와서는 제 잔소리만 듣고도 후련해하는 예도 있고 말입니다. '당부의 말'의 요지는 조급해하지 말라는 겁니다.

입사하자마자부터 원고를 맡아 진행하는 예도 많고, 반년은 연수를 거쳐 팀의 잡다한 업무까지 도맡아 한 뒤에야 책임편집을 맡기도 하고, 편집 이외에도 주문장을 처리하거나 홍보 관련 업무를 동시에 진행하며 초년 생활을 하는 예도 있습니다. "나는 이런 분야에서 일하겠어." "나는 이런 저자와 이런 책을 만들겠어." "이건 내 업무가 아니야." "내가 책 만들러 들어왔지……." 한 십 년쯤 일한 뒤에나 할 만한 말을 하고 있다간 자꾸 코나 깨게 됩니다. 회사는 당신이 원하는 일을 하게 해 주는 곳이 아니고, 당신은 회사가 원하는 일을 하기 위해 입사한 것이니까 말입니다. 나는 누구이며, 어디에서 와서, 어디로 가는가? 이 질문에 객관적으로 답할 수 있을까요? 사태를 파악하고 자신의 일을 아는 것, 생각보다 쉬운 일이 아닙니다. 현실은 단순해 보일지라도 절대 단선적이지 않죠. 수십 가지 맥락이 관통하여 상호 작용함으로써 이루어지는 것입니다. 초년 편집자들이 힘든 까닭 가운데 하나는 단순한 해법으로 사회를 판단하려 하기 때문입니다. 이상이 현실에 균형을 이루지 못한 채 사회에 너무 많은 것을 기대하고 있기 때문입니다. '편집자'라는 직업을 성급하게 판단하려 하기 때문입니다.

한 중견 출판사에 견학을 갔을 때 편집자 생활을 시작한 지 30년이 넘은 임원 한 분에게서 들은 말이 오래도록 남아 있습니다. "10년은 되어야 전문가죠. 3~4년은 보조 편집자예요." 사실, 책 만든 지 2년쯤 지나고 나면 이제 세상의 어떤 책이든 다 만들 수 있겠다는 자신감이 들죠. 이미 나온 책을 평가하는 기준도 나름 객관적으로 보이고요. 자기가 쓴 보도자료를 읽으며 감탄하곤 합니다. "이런 명문을 누가 썼단 말인가!" 이슈가 된 책이나 선배의 견해를 비판적으로 대할 수도 있게 됩니다. 실제로 이때쯤이면 책 한 권을 진행하는 것은 결코 두려운 일이 아닙니다. 하지만 책 한 권을 만드는 것이 능사가 아닙니다. 책 한두 권 만들어 본 것으로 오만해져서는 곤란합니다. 한 권 한 권을 만들면서 어디로 나아갈 것인가가 중요하죠. 한 권 한 권을 만들면서 무엇을 얻었는가가 중요하죠. 3~4년 동안의 편집자는 남이 깔아 둔 멍석 위에 있는 존재입니다. 누군가 차린 밥상에 숟가락 얹기는, 밥상 주인이 아니라 '손님'이 하는 일이지요. "공부와 경험이 중요합니다. 자신감이 실력이에요. 필살기를 기르세요." 그 임원이 덧붙인 말입니다.

그러니까 '보조 편집자'로 살 수 있는 첫 3~4년의 권리를 누리시기를 권합니다. 일을 주도하여 성과를 보일 실력도 없으면서 자존심만 탱천해 있어서는 안 됩니다. 당연히 영광은 없고 상처만 남지요. 그래서는 '10년 전문가'커녕 오래 못 갑니다. 상처보다는 작은 보람들을 소중히 하시길 바라요. 늘 '판'을 읽어야 합니다. 내가 지금 어디에 있는지, 내가 어떤 일을 하고 있고 어떤 책임을 지는지 알려고 하세요. '내 일'을 해야지, '남의 일'을 하고 있어서도 안 됩니다. 무엇이 내 일이고, 무엇이 남의 일이죠? 그것을 아는 것이 '공부'입니다. 경험으로만 배울 수 있는 것이 있지요. 경험해서 배운 것에는 자신감이 붙습니다. 주변에 의지해서 '홀로서기'를 해 봅시다. 곁에 '좋은' 선배 한 분만 있어도 잘 따라 배울 수 있어요. 기본을 지키고 원칙을 따라 가면 됩니다. 이럴 때는 어디에도 숨지 마세요. 자존심은 좀 감출 줄도 알아야죠. 선배나 상사에게 야단 맞는 법도 익히시고요. 기획서 들고 회의에 들어가면 늘 혹평을 듣는다고요? 잘한 건 당연한 거라 넘어가고, 사소한 실수는 어째 하나도 그냥 놔 두질 않으실까요? 잘못을 지적해야죠, 당연합니다. 아마도 신입사원의 업무의 절반은 '견디는 것'일 겁니다. 전혀 다른 세상에 막 진입한 사람이라면 누구나 그러지 않을까요?

5년 후를 꿈꾸는 법

① 혼자 일하지 마세요.

자기 실력만 갖고 일하는 사람은 없습니다. 주변의 여러 협력자들과 일해서 자기 것을 만드는 게 '편집자'라는 직업의 특징이고 매력 아닌가요? 일한 지 5년쯤 되었을 때는 스스로 할 수 있는 일이, 스스로 운용할 수 있는 자원이 이전보다 많아지는 편이 좋겠지요. 그래야 좀 더 자유롭게 일할 수 있으니까요. 지금 아직 자기 궤도에 오르지 못했다고 느끼시나요? 있어야 할 곳을 아직 못 찾았다고요? 하는 일이 만족스럽지 않다고요? 대우가 불만족스럽다고요? 가끔씩 호흡을 가다듬고 멀리 보세요. 1년 전에는 어떤 모습이었나요? 1년 후엔 어떤 모습인가요? 5년 차가 되었을 때 어디에 있을 건가요? 어떤 편집자로 일하고 계실 겁니까? 누구와 일하실 건가요? 이제부터 연봉은 당신이 결정해야죠. 입사 후 5년쯤을 첫 번째 오르막이라고 칩시다. 물론 더 짧을 수도 더

길 수도 있겠습니다만 중요한 건 어떻게 시작했느냐가 아니라, 포기해 버리지 않고, 적절한 시기에 어디에 도달했느냐입니다. 당신의 경우가 그렇듯이, 시작할 때 좋은 기회란 그렇게 흔치가 않은 법이니까요. 당신은 지금 힘겹게 거치고 있는 이 첫 번째 오르막 이후에 어디에 도달해 있을까요?

혼자서 열심히 하던 일만 하다가 5년 차를 맞아서는 안 됩니다. 함께 일해야 합니다. 혼자서 해결하려고 해서는 안 됩니다. 사람들 속에서 자신의 권한을 확장하세요. 회사의 경계를 넘어서세요. 당신이 판을 꾸리세요. 회사가 인정하는 사람은 회사에 충성하는 사람이 아니라 회사에 성과를 안기는 사람입니다. 편집에 머무르지 말고, 출판과 관련된 모든 과정에 마음을 열고 일하세요. 무작정 하던 일만 하지 말고, 할 줄 아는 것만 하지 말고, 하고 싶은 것, 도전해 볼 만한 것을 찾으세요. 새로운 것을 배우세요. 5년 차면 팀장, 당신이 책임질 사람들이 많아집니다. 편집만 알아서는 제대로 팀을 꾸릴 수 없습니다. 기획 실행력이 있어야 하고, 시장을 알아야 하고, 홍보와 판매를 알아야 하고, 목표를 정하고 달성해야 합니다. 발이 넓어야 하고, 어느 정도의 친화력은 있어야 합니다.

② 부디 자기 자신을 아껴요.

당신은 꽤 괜찮은 사람입니다. 당신을 지키세요. 그래야 꽤 괜찮은 당신이 세상에 선한 영향력을 더 오래 발휘할 수 있어요. 사태에 휘둘리는 식으로 일하면 지칩니다. 지치면 오래 일하기 힘들어요. 기본과 원칙을 기억하고 중심을 무겁게 지켜요. 중심이 무거울수록 크게 흔들릴 수 있어요. 세상을 살아가는 요령을 챙기세요. 회사는 나를 지켜주는 곳이 아니에요. 회사를 믿지 마세요, 일과 사람을 믿으세요. 호불호를 드러내지 마세요. 자존심은 감추세요. 부디 감정으로 일하지 마세요. 상처 받지 마세요. 타인의 감정에 휘둘리지 마세요. 모두와 친하게 지낼 필요 없어요. 그게 더 피곤해요. 사회적 관계, 업무적 관계 맺는 법을 배워요. 관계의 사이에는 '해자(垓字)'를 두세요.

업무는 매뉴얼화하세요. 교정 원칙을 만들어요. 상사에게는 알아도 질문하고, 묻지 않아도 보고해요. 못나 보여도 그가 책임자입니다. 일에 조급해하지 마세요, 당신 권한이 아니에요. 당신에겐 결과 이전에 중요한 것이 과정입니다. 해야 할 일을 빠뜨리지 마세요. 문제는 원인보다 해결이 중요합니다. 표현하세요. 드러내지 않은 것은 아무도 모릅니다. 넘겨 짚지 마세요, 진실은 다른 곳에 있어요. 당신은 어떤 유형의 사람인가요? 당신과 결이 맞는 쪽으로 나아가세요. 욕심 부리지 마세요. 어떤 일도 갑자기 이룰 수 없어요.

③ 좋은 사람들이 있는 쪽으로 가요.

다른 사람들이 다가오기를 기다리지 마세요. 당신이 좋은 사람들이 있는 쪽으로 가세요. 선수들과 일하세요. 나는 어떤 편집자일까? 어떤 편집자가 될까? 답을 얻으려면 '좋은' 편집자들을 많이 만나세요. 회사 경계 밖으로 나가세요. '그 책'의 편집자에게 직접 배우세요. 시간과 비용을 들여요. 직장을 선택할 때는 신중히 해야 합니다. 이제 어디든 일단 들어가면 3년 이상 일해야죠. 관심 회사에 관한 정보를 최대한 모아서 객관적인 판단 근거를 마련하세요. 입사 결정은 '당신이' 전략적으로 합니다. 에돌아 가더라도 가야 할 방향으로 가는 것이 더 중요합니다. 좋은 사람들 사이에서 자기를 표현하세요. 그들과 함께 가세요.

오래 일하는 사람이 되려면 너무 낮은 연봉은 거절하세요. 같은 원고도 편집자가 다르면 다른 책이 됩니다. 같은 사람도 회사가 다르면 다른 편집자가 됩니다. 당신의 회사는 어떤 회사인가요? 당신은 회사에서 어떤 일을 하나요? 스스로 질문하세요. 자기 목표를 정해요. 발행 종수, 기획 목표……. 자기 결과를 점검해요. 무엇을 꿈꾸시나요? 성공하는 것? 글쎄요, 편집자로 일하는 것 그것이면 되지 않을까요? 첫 번째 오르막에서 살아남는 것. 괜찮아요, 당신은 거기서부터 더 주도적으로 일할 수 있게 될 거예요. 그게 중요해요.